LOB DES FATALISMUS

INHALT

Um es gleich vorweg zu sagen: Dieses Buch ist kein Ratgeber. Der Ratgeber weiß, wo es lang geht. Er nimmt den Leser bei der Hand, führt ihn hinaus aus der Krise und hinein ins bessere Leben. Der Ratgeber hat einen Katalog guter Ratschläge parat, passt der eine nicht, dann sicher der andere. Er ist hilfreich, edel, gut und manchmal penetrant in seiner Selbstgewissheit und Hilfsbereitschaft. Wenn der Leser ausgelesen hat, stellt er den Ratgeber aufseufzend zurück ins Regal und sagt: So ist's! Er ändert dann sein Leben ein wenig, und nach ein paar Monaten kehrt der alte Schlendrian wieder ein, bis das Leiden wieder da ist und der Leidende sagt: Ich bräuchte mal einen Ratgeber. Einen, der Antwort gibt und Sicherheit. Einen, der weiß, wo es lang geht. Kein schlechtes Geschäftsmodell.

Der Autor dieses Buches ist kein Freund von Ratgebern, vor allem dann nicht, wenn sie ganz genau wissen wollen, wo es lang geht zum optimalen Selbst. Er selber weiß nämlich nicht immer so recht, wo es lang geht. Er tastet sich eher auf rutschigem Boden durchs Gestrüpp, manchmal gebückt, gar auf allen Vieren; manchmal beneidet er jene, die da schon alle Wege wissen. Er will es aber, wenn er es recht bedenkt, auch gar nicht anders haben. Er glaubt, einen Kompass zu haben, der ihm die Richtung zeigt – nur hilft der nicht immer jeden Tag im unübersichtlichen Gelände. Die Lebensratschläge, die er bislang erteilt hat, waren von begrenzter Qualität und Wirkung: Mal halfen sie, mal auch nicht. Vorsicht also: Die Umsetzung der hier aufgeschriebenen Gedanken ins konkrete Leben erfolgt auf eigene Gefahr. Der Autor hätte nichts dagegen, wenn die Eine oder der Andere nach dieser Lektüre ihr oder sein Leben änderte. Fertige Konzepte dafür hat er allerdings nicht, und bedrängen möchte er erst recht niemanden.

Diesem Buch liegt auch keine geschlossene Philosophie zugrunde, dann wäre jetzt, nach zehn Jahren Vorarbeit, ein Standardwerk mit tausend Seiten fällig. Der Autor ist aber kein Wissenschaftler, sondern ein Journalist, ausgestattet mit dem gediegenen Halbwissen seines Berufsstandes, und der Erfahrung aus zwei Jahrzehnten politischer, religiöser und kirchlicher Berichterstattung, nicht mehr, nicht weniger. Und das „Lob des Fatalismus“, das er auf den Titel gehoben hat, singt er dann auch noch mit einigen Einschränkungen, manchem Wenn und Aber und Ach und Weh. Er kann den Menschen, die das lesen, nicht die Unsicherheit nehmen, vielleicht verstärkt er sie am Ende sogar – er ist nun mal ein schlechter Ratgeber.

Trotzdem ist er der Auffassung, dass es an

der Zeit ist, das Lob des Fatalismus anzustimmen, eines aufgeklärten, und ja: partiellen Fatalismus. Er bürstet den Begriff gegen den Strich: Dieser Fatalismus hat nichts zu tun mit bequemer, zynischer oder depressiver Resignation vor den Zuständen der Welt und dem Lauf des Lebens. Sein Lied zu singen heißt aber, auf alle zu pfeifen, die einem einreden möchten, man müsse sein Leben immer ganz in der Hand und fest im Griff haben und seines Glückes eigener Schmied sein. Es heißt, auf die zu pfeifen, die den Leuten einreden, sie müssten in der schlimmsten Krise eine Chance sehen und die Schläge des Schicksals positiv, und dass man nur immer an sich arbeiten müsse, um ein optimaler, gar idealer Mensch zu werden. Und es heißt, jenen zu widersprechen, die Sicherheit und Kontrolle im Land für das höchste Gut halten; allen, die Angst predigen, um die Rechte der Bürger einzuschränken und alles Fremde auszugrenzen, das verunsichern könnte. Der aufgeklärte Fatalismus setzt aber auch dem Weltverbesserungspathos Grenzen, der Phantasie, eine schöne neue Welt sei planbar und in einem Willensakt herstellbar. Sie muss unvollständig bleiben, diese Welt, will sie menschengemäß sein. Das Unplanbare und Unvorhersehbare gehört zu ihrem Wesen. Gerade das aber verunsichert die Menschen, seit sie über sich und die Welt nachdenken. Eine gute Portion Fatalismus im Leben löst das Problem nicht. Man kann aber besser mit ihm leben. Zum Schluss wird dieses Buch vom Vertrauen und auch vom Wert der Gnade reden und vom Gottvertrauen auf dem schwankenden Boden des Lebens, und der Autor sagt gleich: Es muss und soll da nicht jeder mitgehen. Das Nein zu diesem Gedanken des Autors ist so berechtigt wie das Ja.

Denn dieses Büchlein ist im Wortsinn ein Essay, die Präsentation eines Abwägens, Suchens und Versuchens. Die Essays, die der französische Autor Michel de Montaigne im 16. Jahrhundert schrieb, waren Gegenentwürfe zu den hochfahrenden scholastischen

Gedankenburgen mit ihrem Absolutheitsanspruch, mit ihren hohen Mauern und geschlossenen Toren. Montaigne wagte, skeptisch zu fragen. Das brachte seine Werke auf den Index der verbotenen Bücher der katholischen Kirche; die Mauern des Wahrheitsanspruchs zu schleifen und die Türen zu öffnen kann gefährlich werden. Der Autor hat es da heute einfacher. Er kann frei schreiben. Und das Schlimmste, was ihm passieren kann, ist Widerspruch. Der allerdings ist erwünscht. Und wenn darüber hinaus die Lektüre anregt und Spaß macht, ist er sogar ein bisschen glücklich.

Machen sie sich denn gar keine Sorgen?
Eine Hommage an Rudolf Iwanowitsch
Abel, den kleinen Sowjetspion

Rudolf Iwanowitsch Abel kam 1903 in Großbritannien auf die Welt und starb 1971 in Moskau, dazwischen war er Spion für die Sowjetunion in England und wäre fast ermordet worden in Stalins Säuberungsaktionen. Er ging, wieder als Agent, 1948 in die USA und spionierte dort das amerikanische Atomwaffen-Programm aus. 1957 wurde er enttarnt und kam ins Gefängnis; 1962 tauschte ihn die Sowjetunion gegen zwei abgestürzte Piloten des Spionageflugzeugs U2 aus – auf der Glienicker Brücke zwischen Berlin-West und dem damals ostdeutschen Potsdam. Der Regisseur Steven Spielberg hat den Stoff in seinem Film „Bridge of Spies" verarbeitet, der vom Irrsinn des Kalten Krieges erzählt und vom tapferen Anwalt James B. Donovan, der ans Rechtssystem und die Werte der Vereinigten Staaten glaubt. Er bewahrt den gefangenen Spion vor der Hinrichtung und macht dann den Austausch mit den gefangenen US-Agenten möglich; nebenbei rettet er noch einen unbedarften amerikanischen Studenten, der in die Fänge der DDR-Staatssicherheit geraten ist.

Für einen Versuch über den Fatalismus aber ist nicht der tatkräftige Anwalt von Bedeutung, Steven Spielbergs Held also, sondern Rudolf Abel, der Spion; im Film spielt ihn der britisch-amerikanische Schauspieler Mark Rylance großartig lakonisch. Dieser Rudolf Abel fällt von einer aussichtslosen Lage in die nächste. Die Amerikaner enttarnen und verhaften ihn; Staatsanwaltschaft, Gericht und Politik wünschen einen kurzen, spektakulären Schauprozess, an dessen Ende der Tod Abels auf dem elektrischen Stuhl stehen soll. Gegen alle Wahrscheinlichkeit kann der Anwalt dieses Ende verhindern. Ein paar Jahre später soll dann der Russe gegen die in Moskau gefangen gehaltenen US-Piloten ausgetauscht werden. Ob das sein Glück ist oder sein Verderben, weiß Abel allerdings nicht. Der sowjetische Geheimdienst KGB könnte ihn, wie so viele gefangene Soldaten und Spione zuvor, für einen Verräter halten und ins Lager in Sibirien schicken, in den langsamen Tod auf dem Archipel Gulag.

Rudolf Abel weiß das alles genau. Doch er, das hin und her geworfene Menschlein im zynischen Spiel der verfeindeten Atommächte, erträgt dies alles in wortkargem Gleichmut. Er genießt die Zigaretten, die ihm sein Anwalt ins Gefängnis schmuggelt. Er freut sich über die Schostakowitsch-Symphonie, die er über ein kleines Transistorradio hören kann, auch wenn sie ziemlich blechern aus dem Lautsprecher klingt. „Machen Sie sich denn gar keine Sorgen?" fragt sein Verteidiger Donovan, der mehr und mehr sein Verbündeter, am Ende gar Freund wird. Er fragt das immer, wenn die Lage wieder einmal völlig hoffnungslos zu sein scheint. Und jedes Mal verzieht Abel spöttisch den Mund und fragt zurück: „Würde es denn helfen?"

Würde es denn helfen? Der fatalistische Spion Rudolf Abel, dessen Leben keinen Pfifferling mehr wert zu sein scheint, bringt die Kraft des Schicksalergebenen auf den Punkt. Was hilft es, Tag um Tag und Nacht um Nacht darüber zu grübeln, dass der eigene Lebensfaden im Grunde schon durchschnitten ist, wenn das Grübeln daran nichts ändert? Welchen Sinn hat es, Szenarien zu wälzen, die eintreten oder nicht, egal was man sich ausdenken mag? Komm her, Schicksal, sagt der kleine sowjetische Spion Rudolf Abel. Lass uns zusammen Schostakowitschs Geigen hören, sind sie nicht großartig? Lass uns eine rauchen, solange es noch Zigaretten gibt, was immer die Gesundheitsapostel davon halten mögen. Und dann sehen wir weiter, in einer

Stunde, morgen, kommenden Monat, nächstes Jahr.

Der Fatalismus ist Rudolf Abels Überlebensstrategie. Er macht ihn unangreifbar im Angesicht der Übermacht der Verhältnisse: Ihr habt mein kleines Leben. Doch meine Angst und meine Unterwerfung bekommt ihr nicht. Denn auch ihr seid Ausgelieferte des Schicksals, das morgen genauso gut wie meinen Tod auch meine Rettung und euren Tod bringen kann. Es macht krank und verrückt, sich jeden Tag auszudenken, was passieren könnte – und es macht stark selbst im Aussichtlosen, dagegen ein beherztes: na und? zu setzen. Es garantiert nicht die Rettung gegen alle Wahrscheinlichkeit. Aber die Frage: Was würde es helfen? hat ihre eigene Macht, selbst dann, wenn das Wunder ausbleibt. Denn dieser Fatalismus ist subversiv. Er beugt sich dem Unausweichlichen und bewahrt doch das Eigene. Er richtet sich wieder auf, selbst wenn er weiß, dass er sich dem nächsten Unausweichlichen beugen muss. Er verzieht gewissermaßen den Mund zum Spott, wenn einer mit seiner quälenden Sorge kommt und seiner namenlosen Angst, mit brennendem Hass oder dunkler Verzweiflung: Und – was hilft das alles? Dieser Fatalismus schafft Abstand. Er verkleinert das Übermächtige, wie das auch der Humor tut. Humor und Fatalismus treten oft als Geschwister auf. Was soll man tun, wenn es regnet? Es regnen lassen. Und über den Regen lachen.

Und so steht der kleine Spion für die Schicksalsausgelieferten der Weltgeschichte. Er steht für die Eingesperrten, Deportierten und zum Tode Verurteilten, für jene, die ihrer Habe und ihres Gutes beraubt wurden, für die wozu auch immer Zwangsrekrutierten, für alle, denen der Ausweg zugesperrt ist – und die trotzdem sagen: Was hilft es, wenn ich mir ausgerechnet jetzt Sorgen machte? Er steht für alle, die sich, dem Unausweichlichen zum Trotz, ihre Würde und Menschlichkeit bewahrten, die im Angesicht des

Unglücks die Augenblicke des flüchtigen Glücks genossen.

Man muss aber gar nicht ins Räderwerk der Weltkonflikte geraten, um zu sehen, worin der Wert dieser Haltung liegt: Nie hat man sein Leben tatsächlich ganz in der Hand. Jede noch so genau ausgearbeitete Planung hat ihre Grenzen. Jede noch so abgesicherte Existenz hat ihre Risse und Brüche, wie stark die Fundamente auch zu sein scheinen, auf denen diese Existenz ruht. Jeder scheinbar ruhig und in fester Bahn dahingehende Lebenslauf kann morgen seine Wendung nehmen. Wer gesund ist, kann krank werden, wer sich glücklich verheiratet wähnt alleinstehend, der Arbeitnehmer ein Arbeitsloser. Jeder Mensch wird einmal Gesundheit, Liebe, Freundschaft, Arbeit, Anerkennung drangeben müssen, die Fähigkeit zum Laufen wie zum Lesen, zum Kauen, Schlucken, Schmecken, auf die Toilette zu gehen. Altern, Sterben, Tod sind vorherbestimmt.

Man kann sich darüber nun jeden Tag

den Kopf zerbrechen, sich grübelnd um den Schlaf bringen, ängstlich die Tage abschätzen, die noch bleiben dürften bis zum Altersheim. Man kann von Arzt zu Arzt hoppen, Pillen fressen und Gesundheitstränke saufen, die Partnerin, den Partner in den Käfig der Eifersucht sperren, im Job Tag und Nacht an der eigenen Unentbehrlichkeit arbeiten – dies alles wird nichts helfen. Das Leben gibt es nur auf Zeit; jede Faser dieses Lebens wird man irgendwann loslassen müssen. Den Zeitpunkt des Loslassens wiederum kann man nur dadurch frei bestimmen, indem man sich umbringt – am besten in dem Moment, da man glücklich verheiratet ist und viele Freunde hat, der Beruf Spaß macht und Erfolg bringt und kein Knie schmerzt am Morgen nach dem Sport. Oder man kann sich diesem Schicksal ergeben, dem Lächeln Spott beimischen und sagen: Was hilft es, sich Sorgen zu machen angesichts des Unausweichlichen? Was hilft es, vor Angst zu erstarren? Es nimmt dem Leben die Freude und die Würde, die Gelassenheit und die Großzügigkeit; es macht bitter, unsympathisch und humorlos. Man muss sich nur einmal im Bekanntenkreis umschauen, wie viel Unheilserwartung dort unterwegs ist, die Leute zu sich kasteienden Sklaven ihrer selbst macht und in ihrer ganzen Umgebung die Freude am Leben frisst. Der Fatalismus ist eine Gegenmacht, gegen alle, die die Welt im Griff haben wollen und jede Unsicherheit im Keim ersticken wollen, die eine gnadenlose Selbstoptimierungsindustrie befeuern, die in ihrer Dauerfröhlichkeit und ihrem falschen Optimismus gnadenlos ist. Ein Hoch also auf den Fatalismus!

Warum der Fatalismus einen schlechten Ruf hat – nicht ganz zu Unrecht

Der Fatalismus hat es schwer in der Öffentlichkeit. Eigentlich kommt er, ist von ihm die Rede, nur als Negativfolie vor. Er ist die Eigenschaft der Mutlosen und Resignierten, auch der bildungsmäßig und sozial Abgehängten: Die da oben machen, was sie wollen, sich zu bemühen hat keinen Sinn, ich werd' sowieso Hartz IV. Den Ausruf: Jetzt wünschte ich mir, ein Fatalist zu sein! hört man so selten wie: Die haben es gut, die Fatalisten! Fatalismus ist, solange es das Wort gibt, ein Kampfbegriff. Im 17. Jahrhundert tauchte er zum ersten Mal auf, und mit ihm machten die fortschrittlichen Vertreter der Lehre vom freien Willen des Menschen und von der Offenheit der Geschichte jene Konservativen madig, die davon ausgingen, dass die Geschichte vorherbestimmt und der Wille des Menschen nur begrenzt frei und autonom ist. Wer so denkt, so die Vertreter der Willensfreiheit, ist ein übler Fatalist: vorschnell resignativ, verantwortungslos, einer, dem die Verbesserung der Welt egal ist.

Das hat sich so bis heute gehalten. Dabei zieht sich die Frage, wie frei der Mensch in seinen Entscheidungen ist und wie sehr er in Wahrheit lernen muss, sein Schicksal zu akzeptieren, durch die Geschichte der Philosophie und der Theologie – und keineswegs sind die Fatalisten immer die Dummen, Bösen und Reaktionären. Für Platon und Aristoteles ist die Geschichte offen und der Geist des Menschen gestaltet die Welt mit: Alles, was innerhalb der Menschheitsgeschichte geschieht, existierte vorher als Idee, als Bild; es hatte also die Möglichkeit, zu sein oder nicht zu sein, zu entstehen oder nicht zu entstehen, getan zu werden oder zu unterbleiben. Deshalb ist die Geschichte vom Menschen beeinflussbar. Deshalb ist es auch nicht gleichgültig, was die Menschen in dieser Geschichte tun oder nicht tun – sie beeinflussen damit den Lauf der Welt. Wenn denn der Lauf der Welt vorherbestimmt wäre, erklärte zum Beispiel Aristoteles, hätte der Satz „Morgen wird eine Seeschlacht sein" die gleiche Bedeutung wie „gestern war eine Seeschlacht"; tatsächlich aber gebe es nun am Tag vor eine solchen Schlacht die Möglichkeit, dass sie tags darauf nicht stattfinde. Cicero, der begnadete römische Polemiker, höhnte zwei Jahrhunderte später gegen alle, die von der Vorherbestimmtheit des Menschen redeten: Wenn sowieso schon alles im Leben feststehe, dann könnte der Kranke sich gleich das Geld für den Arzt sparen. Das war gemein gegenüber den Stoikern – aber ziemlich wirkungsvoll.

Gemein deswegen, weil die Geschichte komplizierter ist. Die Stoa, die ihren Namen von der bemalten Säulenhalle (Στοά) in Athen bekam, in der um 300 vor Christus ihr Gründer Zenon von Kition lehrte, vertrat keine Philosophie der Resignation und Wurstigkeit – soweit man das rekonstruieren kann, denn von Zenon sind keine eigenen Werke überliefert. Die Stoiker waren aber skeptisch gegenüber der Polis, der alles bestimmenden Gemeinschaft der Bürger mit ihrer platonisch-idealistischen Staatsphilosophie. Die griechischen Stadtstaaten waren zu Zenons Zeit in der Krise, sie mussten sich des Königreichs Makedonien erwehren, das zur bestimmenden Macht in Griechenland wurde und die attische Demokratie einfach abschaffte. Damit war auch die bestimmende platonische Philosophie in der Krise, gab es Platz für neue Deutungen. Der Mensch ist für die Stoiker Teil eines Kosmos, der nach einer strengen, unveränderlichen Logik funktioniert; diesen Lauf der Welt kann er nicht ändern oder beeinflussen. Sehr wohl aber kann der Mensch sein Verhältnis zu diesem

Kosmos bestimmen: Er kann an sich arbeiten und sich vervollkommnen, tugendhaft leben und Gutes tun, seine Leidenschaften bändigen, gelassen und zufrieden das Leben leben. Ein Determinismus ist das nicht in dem Sinn, dass jede einzelne Handlung des Menschen festgelegt ist und es egal ist, was er tut und lässt. Historisch gesehen ist die Stoa eine Individualisierungs-Philosophie: Der Kosmos ist unabänderlich, der kleine Mensch aber kann das Seinige tun, um ein gutes Leben zu führen. Der Weg von den Stoikern zu einer schlichten Ich-Optimierungs-Philosophie ist also durchaus möglich – aber er ist nicht zwangsläufig.

Auch die Christen misstrauten über Jahrhunderte den Fatalisten. Die Gnadenlehre des Kirchenvaters Augustinus ging zwar davon aus, dass der Mensch nicht uneingeschränkt frei sei, sondern der Gnade Gottes bedürfe und auch aus dieser ewigen Gnade heraus lebe – seine innerweltlichen Angelegenheiten aber könne er durchaus frei regeln.

Die junge Kirche verwarf die Lehre der Gnosis, wonach die Menschen unentrinnbar einer Schicksalsmacht ausgeliefert seien; im Mittelalter galt die Vorstellung eines vorherbestimmten und vorherbestimmenden Schicksals überwiegend als Häresie. Wie sollte auch die Sündenlehre der Kirche funktionieren, den Ablass eingeschlossen, wenn die bösen Handlungen des Menschen gar nicht seinem freien Willen entspringen? Das hinderte das Mittelalter hindurch natürlich niemanden daran, zur Wahrsagerin zu gehen oder zum Astrologen. Der Schicksalsglaube war an den Rand und in den Untergrund gedrängt, verschwunden war er nie. Ohnehin begegneten die reisenden Christen – und auch die Kreuzfahrer – dem Fatalismus dort, wo die Araber und Mauren herrschten, in Spanien und Nordafrika, im Orient: als unabwendbarem Schicksal, das ein unergründlicher und mit menschlichem Verstand nicht zu begreifender Gott dem Menschen zugedacht hat, dem er sich gläubig zu unterwerfen hat. Dass die

Muslime ans Schicksal glaubten, machte es den Christen nur noch suspekter.

Es war dann ausgerechnet eine kirchliche Erneuerungsbewegung, die, an Augustinus anknüpfend, den Glauben an die Vorbestimmtheit des Menschen ins Christentum zurückbrachte. Martin Luther verwarf die Vorstellung vom freien Willen des Menschen: „Der freie Wille nach dem Sündenfall ist nur noch eine Bezeichnung, und wenn er tut, soviel ihm möglich ist, tut er Todsünde. Der Wille ist ein Gefangener und ein Sklave der Sünde. Er ist nur frei zum Bösen", erklärte der Reformator 1518 in der „Heidelberger Disputation" vor der dortigen theologischen Fakultät. Sechs Jahre später zerbrach darüber die Freundschaft mit dem Humanisten Erasmus von Rotterdam. Der Mensch kann in Freiheit ein gutes und richtiges Leben führen, argumentierte Erasmus, weil er ein freies Wesen ist. Luther hielt dagegen: Der Mensch kann aus eigener Kraft nicht zum Heil gelangen, er muss in seiner Unvollkommenheit scheitern. Er ist, wie frei er sich auch wähnen mag, nicht mehr als ein Tier, das entweder vom Teufel oder von Gott geritten wird. Noch weiter ging wenig später der französisch-schweizerische Reformator Jean Calvin in Genf: Gott hat von Anbeginn der Welt einige Menschen zum Heil vorherbestimmt, aus eigener Kraft könne der Mensch nichts zu seiner Erlösung tun. Gott allein erwähle zum Heil; den Erwählten blüht die ewige Seligkeit, die Verworfenen erwartet dagegen die ewige Verdammnis – daran sei nichts zu ändern. Diese Lehre von der „doppelten Prädestination" war schon zu Calvins Zeiten heftig umstritten: Verdammt Gott von Anfang an einige Menschen, egal, was sie tun? Soll Jesu Kreuzestod nicht die ganze Welt erlösen? Und ist Gott tatsächlich für das Böse verantwortlich, das er dann bekämpft? Die katholische Kirche stellte sich in der Folge klar gegen jede Prädestinationsvorstellung: Der Mensch ist frei, die Gnadengaben Gottes anzunehmen oder nicht.

Die Aufklärer stritten weiter. Baruch Spinoza schloss im 17. Jahrhundert jegliche Willensfreiheit aus. Selbst Gott, sagte er, habe seiner göttlichen Natur folgend gar nicht anders gekonnt, als die Welt zu gründen. Um einiges später nannte Friedrich Heinrich Jacobi Spinoza einen Fatalisten – damit war der Begriff in der Welt. Solche Spekulationen führten zum Nihilismus, kritisierte er Spinoza. Zustimmung fand er bei Immanuel Kant und besonders bei Johann Gottlieb Fichte: Der Fatalismus hebe „alle Moral völlig auf", schrieb Fichte; das Individuum könne und müsse sich frei fürs Sittengesetz entscheiden.

Seitdem waren die Fatalisten in der Defensive. Sie galten als Konservative, deren Welt so bleiben solle, wie sie ist, oder als zynische Defätisten, die davon ausgingen, dass die Welt so oder so nicht änderbar sei. Die Fatalisten wurden zu Dissidenten und Oppositionellen. Friedrich Wilhelm Joseph Schelling sah den Fatalismus als eine Art dritten Weg zwischen atheistischer und religiöser Weltdeutung:

Ein blindes Schicksal bestimmt die Geschichte und das individuelle Leben. Arthur Schopenhauer sah die Taten eines Menschen als notwendige Folge seines Charakters. Daran wiederum knüpfte Friedrich Nietzsche an: Die Größe eines Menschen bestehe darin, sein Schicksal anzunehmen, zu bejahen – das Unvermeidliche nicht einfach hinzunehmen, sondern zu lernen, es zu lieben.

Die Liebe zum Schicksal – Amor fati. Es war Nietzsches Versuch, jenseits des Christentums den Nihilismus zu überwinden. In der „Fröhlichen Wissenschaft" schreibt er: „Amor fati: das sei von nun an meine Liebe! Ich will keinen Krieg gegen das Hässliche führen. Ich will nicht anklagen, ich will nicht einmal die Ankläger anklagen. (...) Und, Alles in Allem und Großem: ich will irgendwann einmal nur noch ein Ja-sagender sein." Nietzsche hat wider Willen viel dazu beigetragen, dass der Fatalismus heute in der Schmuddelecke des Denkens hockt. Die Vertreter der Konservativen Revolution, die Deutschnationalen und zuletzt die Nationalsozialisten haben seine „Liebe zum Schicksal" gekapert, da war Nietzsche längst tot und konnte nicht mehr protestieren. Sie haben Schicksalsgemeinschaften konstruiert und definiert, wer zu dieser Gemeinschaft gehört und wer nun mal schicksalhaft ausgeschlossen ist, die Juden sowieso, Kommunisten und Sozialdemokraten und Liberale auch. Adolf Hitler hat so lange seine Parolen von der Vorsehung, die ihn zum Führer Deutschlands gemacht habe, in die Mikrofone gebrüllt, bis 50 Millionen Menschen tot waren und halb Europa in Trümmern lag und Zarah Leanders fatalistische Durchhaltelieder erklangen: „Davon geht die Welt nicht unter" und: „Ich weiß, es wird einmal ein Wunder geschehn". Und als die Russen sich seiner Reichskanzlei näherten, da sagte der große Mörder: Ist halt Schicksal und Vorsehung, und er schoss sich eine Kugel in den Kopf.

Das lastet bis heute auf dem fatalistischen

Argument – und es lastet auf ihm zu Recht. Der Fatalismus hat auch einiges Unglück über die Menschheit gebracht. Er hat den Herrschern geholfen, ihre Untertanen ruhig zu halten: Das Schicksal hat dich zum Untertan gemacht, ändern kannst du nichts, also schweige und leide still. Er hat den Grund dafür geliefert, die Welt in Erwählte und Verdammte zu unterteilen, in Schicksalsbegünstigte und geborene Verlierer, in höhere und niedere Klassen oder Rassen. Er hat die Menschen in ihren Bequemlichkeiten und Resignationen bestärkt – es hat keinen Sinn, an der Verbesserung der Welt zu arbeiten. Die modernste Variante dieses unheimlichen Fatalismus ist der biologistische Determinismus. Seit dem so genannten Libet-Experiment von 1979 weiß man, dass wenige Millisekunden, bevor das Bewusstsein des Menschen entscheidet, den linken oder rechten Arm zu heben, die Großhirnrinde diese Entscheidung vorbereitet – der messbare Reflex also vor der messbaren Entscheidung steht. Für den Frankfurter Neurophysiologen Wolf Singer zum Beispiel ist klar: Der Mensch ist von seinen genetischen Anlagen und seinen Reflexen gesteuert. Was ihm als freier Wille erscheint, als Liebe, Zorn, Hass, ist in Wahrheit eine chemische Reaktion, angelegt im Genpool, seit seiner Zeugung. Das lässt sich – Singer geht da nicht so weit – radikalisieren: Gibt es also biologisch bessere und schlechtere Menschen, höher- und minderwertige, deren Qualität durch ihre Gene vorherbestimmt ist? Eine Schreckensvision.

Das ist es, wenn der Autor meint, er könne das Lob des Fatalismus nur mit Weh und Ach singen. Er findet, dass es nicht egal ist, was einer tut oder lässt. Er hält Resignation gegenüber der Ungerechtigkeit der Welt oder dem Klimawandel für die falsche Option und meint, dass alles, was jemand an Gutem tut, nicht ohne Sinn ist und in irgendeiner Weise die Welt ändert. Er steht oft Platon näher als Zenon und Kant näher als Spinoza; Erich Kästners Satz „Es gibt nichts Gutes, außer man tut es" ruft bei ihm von Herzen kommendes Kopfnicken hervor – Friedrich Nietzsches Schicksalspathos dagegen nur interessierte Neugier. Er ist, was die Prädestinationslehre angeht, mehr Papist als Calvinist. Er ist kein 68er, aber doch genügend vom Denken jener Generation geprägt, um die meiste Zeit des Tages davon auszugehen, dass man sich selbst, sein Umfeld, die Gesellschaft und die Welt mit einiger Anstrengung zum Guten hin verbessern muss – und dass dies auch geht, irgendwie. Und trotzdem glaubt er, den Fatalismus loben zu müssen: trotz des schlimmen Erbes und des Missbrauchs der Schicksalsergebenheit. Er glaubt, ihn loben zu müssen gegen den Trend der Zeit, in der die Autonomie und die individuelle Handlungsfreiheit zu den höchsten Gütern gehören; und gegen das eigene Empfinden, dass man das Leben und die Welt im Rahmen seiner bescheidenen Möglichkeiten verbessern muss. So gesehen ist dieses Lob des Fatalismus eine Selbstermahnung: Der Autor selber läuft eigentlich

Gefahr, zum getriebenen Weltverbesserer zu werden, so sich ihm die Gelegenheit bietet – und, noch schlimmer: Er neigt dazu, andere zur Weltverbesserung aufzurufen. Gerade deshalb aber hält er die Fatalismusübung für geboten, zur Wiederherstellung des Gleichgewichts zwischen Schicksalsgestaltung und Schicksalsergebung.

Et kütt, wie et kütt: Warum es trotzdem
an der Zeit ist, einen aufgeklärten
und partiellen Fatalismus zu loben

In der Zeit der kaum begrenzten Möglichkeiten hat die Vorstellung überhandgenom-
men, das Leben, die Gesellschaft, die ganze
Welt nach dem eigenen Willen und den eigenen Vorstellungen planen und gestalten
zu können – und, das ist das Elend: auch zu
müssen. Das Leben zu planen und zu optimieren, zu sichern und abzusichern ist zur
strengen Pflicht geworden. Das gilt im Pri-
vaten für Freundschaften, Liebe und Kindererziehung, für Beruf, Freizeit und Sport;
das gilt auch für die Politik. Hab' die Zügel
deines Lebens in der Hand, halte sie straff!
Hab' alles im Griff und schmiede dein Glück;

packe die Gelegenheit beim Schopf und lass diesen Schopf dann nicht mehr los! Arbeite an dir selbst, optimiere und inszeniere dich; du wirkst immer und überall, positiv wie negativ! Es gibt einen sehr lustigen Film über den heutigen FDP-Vorsitzenden Christian Lindner, als der noch 18 Jahre jung war und Oberstufenschüler in Wermelskirchen. Mit der geliehenen Limousine und im Anzug mit aufdringlicher Krawatte fährt er zu den örtlichen Unternehmern und verkauft ihnen PR- und Marketing-Konzepte. Alles ist Inszenierung: Auto und Kleidung, das dick aufgetragene Selbstbewusstsein und der Aktenkoffer, selbst die Klassenkameraden lassen sich als Statisten für die beiden Erfolgreichen in einem anderswo gemieteten Klassenzimmer filmen, weil das an Lindners Schule verboten ist. Inszeniert sind auch die Sprüche: „Der eine wartet, dass die Zeit sich wandelt, der andere packt sie an und handelt" sagt der junge Krawattenträger, und: „Probleme sind nur dornige Chancen."

Jeder, der mal 18 Jahre alt und unreif war, kann nur froh sein, wenn ihn niemand beim Absondern pubertärer Sprüche gefilmt hat – die Sprüche des Autors waren damals andere als jene von Christian Lindner; sie waren aber nicht weniger überheblich, peinlich, dumm, und es ist ein großes Glück, dass niemand sie der Nachwelt überliefert hat. Deshalb: Nachsicht mit Christian Lindner. Aber der sprücheklopfende Jungunternehmer, für den es keine Probleme gibt, sondern Lösungen, wirkt auf die Betrachter ja deshalb lustig, weil ihnen die Karikatur, die sich ihnen da bietet, sehr vertraut vorkommt. Auch wer darüber lacht, spielt in der gleichen Inszenierung mit, dezenter natürlich, leiser, unauffälliger gekleidet und ein bisschen älter; weniger aufs Risiko hin orientiert und mehr auf die Vorsorgesicherheit. Aus diesem Grund schauen die Leute – manchmal mit dem Ausdruck tiefster Abscheu und höchster Empörung – Casting-Shows, bei denen die reine Selbstinszenierung zu Glück und Erfolg führt. Sie lesen „Men's Health" oder eine der vielen Frauenzeitschriften, die zur Selbstvervollkommnung oder wenigstens zur nächsten Diät leiten; besuchen Fitness-Studios und Yoga-Kurse: Das Speckröllchen ist nichts als eine dornige Chance zum Abnehmen.

Alles schön und gut. Doch was ist, wenn dieses Leben sich der Hand entwindet? Was bleibt, wenn Wille und Planung an ihre Grenzen kommen, das Unvorhergesehene eintritt, gar die Krankheit oder die Katastrophe; wenn auf einmal alles über den Haufen geworfen ist, was man sich so schön ausgedacht, wogegen man sich so gut abgesichert hat? Was geschieht, wenn die Probleme sich nicht in dornige Chancen wandeln lassen, sondern böse, dreckige Probleme bleiben? Selbst in diesem rundum abgesicherten und bestens organisierten Deutschland lässt sich nicht alles planen und vorhersagen, lässt sich das Unerwünschte nicht ausschließen, ist es keinesfalls sicher, dass man übers Jahr seines Glückes Schmied bleibt und seines Lebens

Herr. Das drängt sich gerade so heftig wie seit Jahrzehnten nicht mehr ins Bewusstsein der Deutschen. Es geht ihnen so gut wie nie zuvor und wie kaum einem Europäer sonst: Die Wirtschaft wächst prächtig, die Arbeitslosigkeit ist zurückgegangen und insgesamt die Zahl der Straftaten auch; Italiener, Franzosen, auch Briten wären sehr froh, hätten sie deutsche Zustände im Land, erst recht Kroaten oder Rumänen. Doch das Sicherheitsgefühl der Bundesbürger hat Risse bekommen. Der Optimismus ist verdampft, dass die Welt sich zum Besseren wendet; nicht einmal scheint sicher, dass das Leben in Deutschland so gut bleibt, wie es ist.

Als 1989 die Mauer fiel und der Ostblock zerbröselte, erschien die Welt auf einmal gestaltbar und veränderbar. Die Macht von Kerzen, Gebeten, Demonstrationen hatte die erstarrten kommunistischen Regimes hinweggefegt, nun musste das erkämpfte Glück gestaltet werden, und es erschien auch gestaltbar. Ein Vierteljahrhundert später haben sich die Perspektiven und die Wahrnehmungen gewandelt. Die Welt erscheint unübersichtlich und unvorhersehbar. Hätte jemand vor zwei Jahren darauf gewettet, dass der nächste US-Präsident Donald Trump heißen würde? Kann jemand heute auch nur grob vorhersagen, was er in einem Jahr gesagt und getan haben wird? Vielleicht stehen sich bis dahin zwei mit Atomraketen bewaffnete Weltmächte in einer Neuauflage des Kalten Krieges gegenüber; auch die Politik des russischen Präsidenten Wladimir Putin lässt wenig wirklich Gutes erwarten. Vielleicht gibt es Frieden mit Nordkoreas Machthaber Kim Jong-un. Vielleicht hat gerade ein Atomkrieg die Region verwüstet.

Niemand kann vorhersagen, wohin sich die Globalisierung entwickeln wird, ob die vernetzte Welt mehr Probleme löst, als sie neue schafft. Niemand weiß, wie viele Menschen aus den verarmten, vom Westen und von heimischen Diktatoren ausgepressten Ländern Afrikas fliehen werden, wie viele aus den bürgerkriegszerfressenen Regionen des Nahen Ostens. Lange hat sich Europa die Nachteile der Globalisierung vom Hals halten können, jetzt werden sie spürbar. Ob sich die Klimakatastrophe doch noch vermeiden lässt erscheint so unklar wie die Zukunft der Europäischen Union oder des Euros, ihrer Währung. In Syrien und im Irak scheinen die Kopfabschneider vom Islamischen Staat militärisch besiegt – die Terrorgefahr für Europa ist damit nicht gebannt, im Gegenteil: Immer wieder gelingt es radikal-islamistischen Predigern, fanatisierte Muslime für Attentate zu rekrutieren.

Egal, wie viel man plant und absichert: Man muss ganz schön viel auf sich zukommen lassen. Man weiß noch weniger als sonst, wohin einen die Zeit führen wird, politisch, wirtschaftlich, ganz abgesehen von dem, was einem persönlich so alles zustoßen kann. Diese große Unvorhersehbarkeit verträgt sich nicht gut mit der Vorstellung, dass man die Zügel des Lebens fest in der Hand halten, dass die Regierung der großen Geschichte und man selber der kleinen den eigenen Willen aufzwingen muss. Und weil das Bedürfnis nach Planbarkeit gewachsen ist, in der Realität aber das Unplanbare zugenommen hat, wachsen in Europa Angst und Wut. Die Eliten des Landes, Politiker, Journalisten, Wirtschaftsvertreter und Gewerkschafter, haben in der Wahrnehmung vieler Bürger ihre Heils- und Sicherheitsversprechen nicht gehalten. Sie sehen sich nun dem Unvorhersehbaren und Undurchschaubaren ausgeliefert, zunehmend misstrauen sie deshalb den Eliten und Institutionen. Auch deshalb wächst die Feindschaft gegen die da oben, die nichts mehr im Griff zu haben scheinen, gedeiht der Hass gegen alles Fremde, die neue Unsicherheit und Unvorhersehbarkeit ins Land bringen. Mit Frust über die soziale Ungleichheit sind die Wahlerfolge der AfD bei weitem nicht zu erklären, eher mit der Angst vor der ungewissen Zukunft und dem Misstrauen gegenüber den politisch Verantwortlichen, die doch versprochen, ja geradezu garantiert haben, die Weltprobleme, die einem da unversehens im Vorgarten und im Wohnzimmer gelandet sind, schon irgendwie im Griff zu haben.

Man kann sich nun angesichts der Unsicherheiten, der Zukunfts- und der Terrorangst im sicheren Keller verkriechen und auf einen kleinen Atombunker sparen. Man kann dem Kneipenbummel, Theater- oder Stadionbesuch ein für alle Mal Lebewohl sagen und sich fortan nur noch mit gut ausgewählten Freunden im Wohnzimmer treffen; kann seine Wut auf die volksverräterischen Politiker montags bei Pegida in die Dresdner Luft schreien. Man kann autoritären Politikern hinterherlaufen, die versprechen, sie würden die Lage schon wieder in den Griff kriegen, oder, wie der AfD-Politiker Alexander Gauland am Abend der Bundestagswahl am 24. September 2017 versprach, das Land zurückzuholen – von wo und von wem eigentlich? Man kann jenen Ideologen glauben, die behaupten, dass ein großer Zaun und eine kulturell einheitliche sowie ethnisch reine Bevölkerung, verbunden mit einer straffen Führung, die Unsicherheiten beseitigen würden.

Oder man kann den positiven Fatalismus für sich entdecken, die zeit- und teilweise Schicksalsergebung, als Tugend und als Möglichkeit, das Leben gut zu leben, als Haltung und Einstellung. Man kann gegen die Propheten der Angst und die Propagandisten der totalen Kontrolle und Sicherheit der Spur der klugen Schicksalsergebenheit folgen, von der Seelenruhe der Stoiker und dem trotz aller Plage gottergebenen Hiob in der hebräischen Bibel, der islamischen Mystiker – bis hin zu den kölschen Glaubenssätzen: „Et kütt, wie et kütt! Et hätt noch emmer joot jejange! Wat fott es, es fott! Et bliev nix, wie et wor! Wat wells de maache! Drinks de ejne met? Do laachs de disch kapott!" Es kommt, wie es kommt, ist schon immer gut gegangen – was will man machen im Angesicht des Laufs der

Zeit, außer: gesellig sein, das Leben genießen und die Sache mit Humor nehmen.

Ja, der kölsche Klüngel hat auch seine Nachteile: Die Lässigkeit kann zur Nachlässigkeit werden wie beim Bau der Kölner U-Bahn, wo Baufehler zum Einsturz des Stadtarchivs führten. Und aus der Geselligkeit kann die Korruption wachsen: Man kennt sich, man hilft sich, wird schon keiner merken. Doch schon immer war der Fatalismus das subversive Mittel der kleinen Leute gegen die Übermacht der Regierenden und die Unwägbarkeiten des Lebens, gegen die man sich schlechter schützen konnte als die Mächtigen. „Et kütt, wie et kütt", damit konnten die Kölner durchziehenden Heeren genauso begegnen wie dem Rheinhochwasser. „Et hätt noch emmer joot jejange!" heißt: Wir lassen uns nicht in die Abgründe eines Fatalismus hineinziehen, der mit schwarzem Pessimismus glaubt, dass am Ende die bösen und zerstörerischen Mächte die Oberhand behalten können.

Der kölsche Fatalismus ist oppositionell; darin unterscheidet er sich fundamental von Zarah Leanders Durchhalteliedern im Dienste der Nationalsozialisten. Er beugt sich dem Unausweichlichen und bewahrt doch das Eigene. Er richtet sich wieder auf, selbst wenn er weiß, dass er sich dem nächsten Unausweichlichen beugen muss. Er verzieht gewissermaßen den Mund zum Spott, wenn einer mit seiner quälenden Sorge kommt und seiner namenlosen Angst, mit brennendem Hass oder dunkler Verzweiflung: Und – was hilft das alles? Nicht weit davon entfernt ist die lateinamerikanische Formel „quién sabe", anzuwenden bei allen Lebensgelegenheiten. Hinter diesem „Wer weiß das schon" steht der feste Glaube, dass es geradezu gotteslästerlich wäre zu behaupten, man könne die Zukunft einfach so planen.

Selbstverständlich hat dieser Fatalismus Grenzen. Zunächst einmal ganz praktische: Er verbietet sich für den Architekten, der eine Brücke entwirft, und für den Bauarbeiter im

Kölner U-Bahn-Schacht. Der Satz: „Wird schon gut gehen" taugt nicht für den Arzt am Operationstisch oder den Polizisten bei der Terrorfahndung. Er verbietet sich darüber hinaus überall dort, wo es tatsächlich die Möglichkeit gibt, etwas zu bewegen, zu verändern oder einfach nur professionell zu erledigen. Der Fatalismus ist keine Entschuldigung dafür, das Mögliche nicht zu versuchen – in Partnerschaft und Kindererziehung, im Beruf, in der Politik, in der Bürgerinitiative oder der Kirchengemeinde. Er bietet keine Rechtfertigung für Schlamperei und Wurstigkeit. Er ist auch kein Grund für Anpassung, Duckmäusertum und Untertanengeist, weil man ja angeblich ohnehin nichts ändern kann und alles Schicksal ist. Die Hoffnung und ihre Kraft sind kein Feind des recht verstandenen Fatalismus. Im Gegenteil: „Et hätt noch emmer joot jejange" ist ein Hoffnungssatz, der auch gegen alle Wahrscheinlichkeit gilt, auch dann, wenn nur noch ein Wunder helfen kann. Der Fatalismus allerdings erhebt

Einspruch gegen das Missverständnis, dass man die Hoffnung selber produzieren und den Eintritt des Erhofften garantieren kann.

Zur Kunst des Fatalismus gehört deshalb zentral die Kunst zu unterscheiden, was änderbar ist und was nach genauer Prüfung als unabänderlich erscheint, zumindest für diesen Moment. Der amerikanische Theologe Reinhold Niebuhr, der auch Dietrich Bonhoeffer beeinflusste, hat während des Zweiten Weltkrieges das passende Gebet um die Gabe dieser Weisheit formuliert, die er den „christlichen Realismus" nannte: „Gott, gib mir die Gelassenheit, Dinge hinzunehmen, die ich nicht ändern kann, den Mut, Dinge zu ändern, die ich ändern kann, und die Weisheit, das eine vom anderen zu unterscheiden."

Zu diesem Fatalismus gehört untrennbar die Hoffnung, dass die Grenzen des eigenen Horizonts und des eigenen Begreifens nicht die Grenzen der Welt sind, dass es immer mehr Möglichkeiten gibt, als man denken kann, ganz abgesehen von den Möglichkeiten höherer Kräfte, von den Möglichkeiten Gottes mit den Menschen. „Am Ende wird alles gut", schrieb der Schriftsteller Oscar Wilde, „wenn es nicht gut wird, ist es noch nicht das Ende." Diese Hoffnung gibt den Unterdrückten und Opfern Durchhaltekraft. Sie steht hinter Dietrich Bonhoeffers Gedicht, geschrieben wenige Tage vor seinem Tod: „Von guten Mächten wunderbar geborgen, erwarten wir getrost, was kommen mag." Es kommt die Hinrichtung, davon kann er nach aller menschenmöglichen Vorstellung ausgehen. Aber kann er wissen, dass das alles ist – und danach nichts kommt? Der Fatalismus weist immer übers eigene kleine Menschenleben hinaus.

Das Plädoyer für diesen Fatalismus ist also ein Plädoyer dafür, das Leben auf sich zukommen zu lassen, sich von Allmachts-, Kontroll- und Wahrsagephantasien zu befreien und davon, das Leben immer im Griff haben zu müssen. Das macht weder traurig noch furchtsam, das ist im Gegenteil ein Gewinn. Es macht gelassen und locker, geradezu cool. Der richtig angewandte Fatalismus befreit, wie die folgenden Kapitel zeigen werden, von der Pest der Glückssuche und dem Zwang zur Selbstoptimierung. Er hilft, wenn sich das Leben ändert oder ändern muss und nimmt Krankheit und Tod den namenlosen Schrecken. Und er erhebt Einspruch, wenn Sicherheit zum höchsten Gut und Kontrolle zum Gebot der Stunde erklärt werden.

Fatalismus befreit von der Pest der Glückssuche und der Lebensoptimierung

Die Pest der Glückssuche? Das Glück will doch jeder finden und halten, steigern und vervollkommnen – und dann soll es nicht mehr weggehen, das Glück. Viele Märchen enden damit, dass die Protagonisten „glücklich und zufrieden bis an ihr Lebensende" gelebt hätten, nach all dem Schrecklichen, dass sie bis dahin erlebt haben, nach allen bestandenen Prüfungen, als Lohn für ihre Güte, Tapferkeit, Treue, Beharrlichkeit. Gibt es einen schöneren Lohn? Trotzdem befremdet, wie viele Menschen gerade verbissen nach ihrem Glück suchen. Das halbe Land scheint gerade das Glück zu jagen – und zwar vor allem jene, die guten Grund hätten, zufrieden zu sein: die mit viel Geld, hoher Bildung und genügend Zeit und Energie; Geld und Zeit, die Armen, Arbeitslosen, Alleinerziehenden oft fehlt. Sie besuchen Yogakurse und Selbsterfahrungsgruppen, buchen Individual-Coachings und reisen ins Innere, in die Wildnis oder ins Wellnesshotel. Sie suchen das Glück an der Bar, beim Dating oder wenigstens mit einem guten Pfund Lebenshilfeliteratur auf dem Sofa. Weil sie unglücklich sind, ausgerechnet die Gebildeten, Wohlhabenden, Avantgardisten? Weil sie das Glück, das ihnen bislang zuteil wurde, als unvollkommen empfinden? Oder weil ihnen einer eingeredet hat, dass da immer noch ein höheres, besseres, länger anhaltendes Glück zu finden wäre? Es ist ein Boom, der von einem Missverständnis lebt: dass die Glückssuche glücklich macht, am besten bis ans Lebensende, wie im Märchen. Das Gegenteil ist aber der Fall: Wer glaubt, seinem Glück nachjagen zu müssen wie einem hakenschlagenden Hasen auf der Flucht, rennt meist ins eigene Unglück. Das ist die Pest der Glückssuche.

Ja: Dass Menschen nach dem Glück suchen, ist Teil ihres Menschseins. „Alle wünschen sich ein glückliches Leben", das wusste schon Seneca. Gäbe es das Kribbeln nicht und die Ahnung, dass da mehr sein könnte als das, was gerade ist, wäre die Menschheit hocken geblieben in der Höhle; ohne Hoffnung auf den Rausch der erfüllten Sehnsucht hätte sie nie etwas riskiert. Und gerade die Deutschen haben sich da lange wenig getraut. Sie waren ein Volk der Pflichterfüller. Sie taten in Staat und Armee, Familie, Beruf und Kirche, was ihnen aufgetragen wurde; ihr Glück bestand darin, dies zur Zufriedenheit der anderen zu tun. Für die Dichter der Romantik waren die Momente des Glücks damit erkauft, dass der Rest des Lebens aus unerfüllter Sehnsucht bestand; für die anderen wartete das ewige Glück im Jenseits – vielleicht. Seit einigen Jahren aber scheinen die Deutschen das lang verpasste Glück finden zu wollen, und zwar möglichst schnell. Sie hämmern und dengeln, als ihres Glückes Schmied, an ihrem Leben herum. Sie ändern ihre Schlaf- und Essgewohnheiten, quälen sich durch neue Sportarten, suchen neue Jobs, weil die alten sie nicht mehr erfüllen, neue Bett- und Lebenspartner. Sie tun das immer in der Sorge, dass es nicht reichen könnte zum vollkommenen Glück, dass sie schon wieder den Augenblick verpasst haben, zu dem sie hätten sagen können: Verweile doch, du bist so schön.

Für den weiten Markt der Glücksanbieter zwischen seriöser Lebensberatung und Scharlatanerie ist das eine solide Gewinngarantie. Für die Schar der Glückssucher aber birgt es die Gefahr, mit ziemlich viel Kosten und Mühe unglücklich zu werden. „Um nicht sehr unglücklich zu werden, ist das sicherste Mittel, dass man nicht verlange, sehr glücklich zu sein" – das wusste schon Arthur Schopenhauer. Der immerwährende Glückszustand ist eine Horrorvorstellung.

Er wäre wie der immerwährende Rausch: Erst verschafft er Weite und Wonne, dann verlangt er nach Dosis-Steigerung. Immer mehr Glück muss her, die Sache gerät außer Kontrolle, und am Ende geht man daran zugrunde. Im immer währenden Glück darf es keine Traurigkeit geben und keine Melancholie, keinen Schmerz. Tränen oder Misserfolge werden verdrängt oder umgedeutet als Schritt auf dem Weg zum wahren Glück. Nur: Wer nie traurig oder melancholisch sein darf, kann auch kein Glück empfinden – und wird am Ende gar depressiv. Beide Seiten des Lebens gehören zusammen: die glückliche und die unglückliche.

Der amerikanische Psychologe Martin Seligman hat wahrscheinlich nicht gewusst, was er auslösen würde, als er Ende der 70er-Jahre seine „positive Psychologie" formulierte, die er später im Buch „Der Glücks-Faktor" zusammenfasste: Glück hat mit dem Willen zum Glück zu tun. Wer positiv denkt, erreicht, was er will. Es ist die Umkehrung des

Satzes von Karl Marx, demzufolge das Sein das Bewusstsein bestimmt: Bei Seligman und seinen Adepten prägt und formt das Bewusstsein das Sein. Und wenn das Glück ausbleibt, dann ist das Sein nicht optimal – und das liegt dann am falschen Bewusstsein. Seligman hat sogar eine Glücksformel mit Glücksfaktoren aufgestellt; das Glück ist für ihn mathematisch berechenbar, es ist herstellbar wie Schwefelsäure oder Kernseife. Auch Lebensberater wie Dale Carnegie hatten schon ähnlich gedacht. Mit Seligman aber wurde der Gedanke zum Allgemeingut in der Coaching- und Selbstoptimierungsbranche.

Als die Ärzte bei der amerikanischen Journalistin Barbara Ehrenreich vor einigen Jahren Brustkrebs diagnostizierten und sie im Internet nach Hilfe suchte, war sie erschüttert, auf wie viel Verdrängung im Namen des positiven Denkens sie traf: Nimm die Krankheit als Herausforderung! Sie ist ein Schritt zur Weiterentwicklung! Jetzt bloß nicht pessimistisch werden! Sie wollte aber den Brustkrebs nicht als Chance sehen. Sie wollte ihre Sorgen nicht verdrängen – und sich nicht selber die Schuld zuschieben lassen, wenn der Krebs sich nicht besiegen lassen würde. Sie wollte zornig sein dürfen auf ihr Schicksal. Sie wollte auch mal „verdammte Scheiße" zu einem Zustand sagen dürfen, den sie verdammt scheiße fand. Barbara Ehrenreich recherchierte über die Optimismus-Industrie, auf die sie da gestoßen war. Sie durchreiste eine Motivationsbranche, wo ausgebrannte und verängstigte Vertreter und Manager im Wechselgesang „wie wunderbar!" und „ja, das ist es" rufen und es als „negativ" gilt, sich nicht an der Gruppenhysterie zu beteiligen. Einige ließen sich sogar einem Waterboarding unterziehen und setzten sich äußerster Atemnot aus, weil man ja auch im Beruf bis an die Schmerzgrenze und darüber hinaus gehen muss. Sie beobachtete Gottesdienste charismatischer Pfingstkirchen, wo Jesus als Meister des positiven Denkens gepriesen wird, und zum Gott des Sieges gebetet, der zu Erfolg und Reichtum führt, wenn man sein Denken entsprechend umprogrammiert. Sie fand hoch bezahlte Manager, die „schamanische Heilreisen" unternehmen, bei denen sie ihre „Krafttiere" aus ihren inneren Tiefen hervorzuholen lernen sollen. Es waren diese unverwüstlich positiv gestimmten Manager, die in der Immobilienbranche bis ins Jahr 2008 die Blase aufpumpten, Kredit um Kredit, und alle als negative Elemente diffamierten, die warnten, dass diese Blase platzen könnte. Barbara Ehrenreich schrieb ein zorniges Buch: „Smile or die", lächle oder stirb, nannte sie es. Mach den Optimismuszirkus mit – oder verzieh dich aus diesem Leben. Es geht bei der ganzen Sucherei doch gar nicht ums Glück, lautet ihr Fazit. Es geht ums reibungslose Funktionieren in einer brutalen Leistungsgesellschaft, dem dann das Etikett „Glück" aufgepappt wird.

Vielleicht sind die Deutschen ja tatsächlich am glücklichsten, wenn der Schmerz nachlässt, und deshalb nicht ganz so empfänglich wie viele Amerikaner für alle möglichen Scharlatane des Glücks. Aber die Vorstellung vom Glück als Willens- und Bewusstseinsakt hat sich auch hierzulande festgesetzt wie Fußpilz im Hallenbad: Führt die Partnerschaft nicht jeden Tag zum Glück und der Job nicht permanent zur Erfüllung, läuft was falsch, macht man was falsch, sollte man schleunigst an der Bewusstseinsschraube drehen. „Du bist dein Schicksal" heißt ein Buch des Journalisten und Philosophen Bernd Schuppener. Die Absicht des Autors ist lobenswert: Er will die Leser dazu zu bringen, die Schuld nicht immer auf die Anderen zu schieben. Der Titel aber bringt den Glauben der Selbstoptimierungsindustrie auf dem Punkt: Dir steht ein furchtbares Schicksal bevor, wenn du nicht an dir arbeitest und dich verbesserst, dein Inneres von allem reinigst, was widerständig, eigentümlich, schräg oder unvollkommen ist. Du bist dein Schicksal – dieser Glaubenssatz ist gnadenlos und kalt. Was nicht optimal ist, wird ausgemerzt, abgeschliffen und ausgetrieben, denn es ist nicht wert, Teil des Lebens zu sein. Letztlich ist es eine totalitäre Ideologie, weil sie den ganzen Menschen will, sein Innerstes und sein Äußeres, sein Sozialleben und seine politische Einstellung. Das Ziel ist der neue Mensch: fehlerbereinigt, uneingeschränkt und ohne Reibungsverlust funktionstüchtig. Wer sich nicht optimieren will, wer zweifelt, wird zum negativen Element und zum Feind. Wer sich nicht optimieren kann, weil da eine Krankheit ist oder sonst eine Schwäche, weil gar Kinder zu versorgen oder Eltern zu pflegen sind, der bleibt defizitär, eingeschränkt verwendbar und begrenzt wertvoll. Und wer gar nichts kann, als Schwerstbehinderter, Sterbender, Demenzkranker? Der taugt bestenfalls, weil sich an ihm andere optimieren können: Ärztinnen und Ärzte, Menschen, die pflegen. Einen Eigenwert hat er nicht.

Es steht ein Egoismus hinter dieser Selbstoptimierungsideologie, der zum Fürchten ist. Die anderen sind die Mitbewerber und Konkurrenten im lebenslangen Rennen um den optimalen Platz im Leben. Alles Gemeinschaftliche, das nicht der Weiterentwicklung dient, steht unter dem Verdacht der Unschärfe. Etwas einfach so und ohne Zweck zu tun, wird suspekt; nichts darf zwecklos sein. Erfolge werden genauso individualisiert wie Scheitern oder Misserfolge. Arbeitslos? Dann hast du sicher etwas falsch gemacht, nicht das richtige gelernt, dich nicht gut genug verkauft – nein, mit Konzernpolitik, Kapitalismus oder Globalisierung hat das alles nichts zu tun. Krank? Sieh es als Chance an und mobilisiere deine inneren Kräfte! Und rede nicht von Arbeits- und Umweltbelastung. Einsam – da gibt es Flirtkurse! Und wer keine Fitness-Studio-Mitgliedschaft vorweisen kann, kriegt keinen Bonus bei der Krankenkasse. Das schafft eine Gesellschaft voller Ichlinge, effizient, funktionsfähig leistungsstark – und einsam; einsam selbst in Beziehungen, die behaupten, Liebesbeziehungen zu sein. Einer der harten Sätze dieser Ichlinge heißt: „Gut gemeint ist das Gegenteil von gut!" Jeder Mensch braucht aber Menschen, die das gut Gemeinte auch für gut nehmen – sonst funktioniert keine Beziehung. Eine von allem Funktionsvermindernden bereinigte Gesellschaft voller optimal funktionierender Menschen ist eine traurige Dystopie.

Der Fatalismus ist das Gegenprogramm zu dieser gnadenlosen Ideologie der Glücks- und Selbstoptimierung und des positiven Denkens. Er sagt: Tu, was du kannst – aber du musst wissen, dass du nicht perfekt werden kannst. Mehr noch: Du darfst nicht perfekt werden wollen. Dies wäre eine Sünde gegen den Geist des Menschseins. Denn zum Menschsein gehört das Imperfekte und Unvollständige, das Eigentümliche und auch das Abgründige. Und wer den neuen, vollkommenen Menschen schaffen will, der hat Unmenschliches im Sinn. Eine Sünde gegen alle christlichen Vorstellungen von Barmherzigkeit und Gnade ist es sowieso: Barmherzigkeit bedeutet, das gut Gemeinte für gut zu nehmen, das Herz zu wenden, hin zu dem, der in Not ist und bedürftig, und zwar völlig egal, ob der es verdient hat oder nicht. Es bedeutet, die Not und die Bedürftigkeit um ihrer selbst willen zu sehen, als verletzte Menschenwürde und als Wunde, die es um des Menschen willen zu lindern und zu heilen gilt. Die Barmherzigkeit ist – gegen die unerbittliche Konsequenz der Optimierungsmaschinerie – die Inkonsequenz Gottes um der Menschen willen, aus souveräner Liebe, aus dem Mitleiden mit seiner Unvollständigkeit. Und Gnade ist, was dem Menschen zuteil wird, egal, was er zu leisten imstande ist und was er geleistet hat, egal, welche Macken und Fehler er hat. Es ist die Unvollständigkeitszusage Gottes an den Menschen: Du musst nicht werden wie Gott. Das Gottsein kannst du getrost Gott selber überlassen.

Unvollkommen sein ist menschlich. Das ist eine kapitalismuskritische wie antisozialistische Wahrheit; es ist jedenfalls eine befreiende Wahrheit. Die fatalistische Hinnahme der Tatsache, dass Menschen unvollkommen bleiben müssen, um lebens- und liebensfähig zu sein, ist der Gegenentwurf zur Idee, ein neuer, reiner, fehlerfreier Mensch ließe sich schaffen.

Du musst kein optimiertes Wesen sein, du musst auch andere nicht optimieren und nach deinem Bilde formen – das kann tatsächlich glücklich machen, für einen Moment. Ja, man kann das Glück ahnen und immer wieder auch finden; es kommt, es geht aber auch wieder. Glück ist der Zustand eines Moments. Es ist brüchig und wird zerbrechen, es ist vergänglich und wird vergehen; in dem Moment, in dem Goethes Faust zum Augenblick sagt: Verweile doch, du bist so schön, ist der Sündenfall geschehen, hat er sein Leben an den Mephistopheles verloren. Es gibt kein Glück ohne die Erfahrung des

Unglücks. Und man kann zwar etwas tun für sein Glück und andersherum sich auch ins Unglück stürzen – aber man ist niemals wirklich Herr seines Glücks oder Unglücks.

Der Berliner Philosoph und säkulare Seelsorger Wilhelm Schmid setzt deshalb gegen die „Glückshysterie" das Streben nach einem sinnvollen Leben. Wer sein Leben als sinnvoll empfindet, kann auch traurige und weniger glückliche Phasen als unvermeidliche Teile seines Lebens ansehen – und nicht als Versagen. Schmid lobt die Melancholie, das glückliche Unglücklichsein, das weiß, dass die Welt unerlöst ist – ohne sie deshalb als Jammertal zu empfinden. Das Glück ist eben nicht herstellbar. Es entzieht sich gerade dem, der es erzwingen will. Es kommt, wenn man es nicht sucht und am wenigsten erwartet – ob in der Kleiderkammer für Flüchtlinge, am Bett eines Kranken oder wenn die Kinder den ganzen Tag über mal wieder alles Andere als wohlerzogen waren. Es kommt, wenn man etwas Sinnvolles für andere tut. Es kommt gerade dann, wenn man sich der Verwertungslogik und der Selbstoptimierungsideologie entzieht, wenn es nutz- und zwecklos zu sein scheint. Die Liebe und das Leben, die Schöpfung und der Schöpfer, sie alle sind zwecklos wie das Lied des Dichters, schrieb Heinrich Heine. Aber genau deshalb, weil sie keinem Zweck dienen müssen, haben sie ihren Sinn. Wer nur dem Wohlfühlglück nachjagt, wer nur an der eigenen Verbesserung bastelt, kann andere Menschen nicht wirklich lieben, keine Kinder erziehen oder Alte pflegen. Die Ichbezogenheit macht klein und beschränkt. Und es gehört zu den Wagnissen der Gegenwart, diesen verkleinernden und beschränkenden Egoismus zu durchbrechen. Und dann ist es auf einmal da, das Glück. Es schaut vorbei und lässt eine glückliche Erinnerung da und zieht weiter. Denn es lässt es sich nicht fangen, zähmen, züchten. Es muss frei sein, sonst ist es kein Glück. Das Glück aus der Sklaverei der Verzweckung zu befreien, aus der babylonischen Gefangenschaft des Selbstoptimierungswahns, dem goldenen Käfig der Ökonomisierung – das ist eine der wirklich großen Aufgaben der Gegenwart.

Der Fatalismus nimmt dem Lebensende den Schrecken – und vorher den diversen Lebenswenden auch

Der Autor kennt Frau B. seit vielen Jahren, man siezt sich, was dem Altersunterschied von 30 Jahren geschuldet ist. Man hat aber immer wieder mal über Gott und die Welt geredet, und so ist mit der Zeit eine gewisse Vertrautheit gewachsen. Frau B. hat Krebs. Sie weiß das schon seit zwanzig Jahren, er wächst sehr langsam, der Krebs, aber er wird demnächst gewinnen über ihr Leben. Was sonst, sagt sie, und dass es halt irgendwann einmal gut sei mit dem Leben. Sie sei 88 Jahre alt, es gehe ihr zunehmend schlecht, das Aufstehen morgens, das Gehen, Bücken, Greifen, alles sei mühsam geworden und auch schmerzhaft, und inzwischen stelle sie auch jede Frage zweimal und wisse hinterher doch manche Antwort nicht mehr. Als vor zwei Jahrzehnten die Diagnose kam, hatte sie eine Chemotherapie samt Operation abgelehnt und lediglich darum gebeten, keine Schmerzen haben zu müssen. Die Ärzte reagierten verunsichert, beunruhigt und auch ein bisschen beleidigt: Warum wollen Sie die Möglichkeiten der modernen Medizin nicht nutzen? Sie haben ein Recht darauf! Wissen Sie, was ihnen an Lebenszeit entgeht? Sie sind noch nicht einmal 70 Jahre alt! Sie antwortete, dass sie die Qual der chemischen Keulen und der Operationen nicht gern ertragen würde, dass sie lieber ein lebenswertes, aber vielleicht kürzeres Leben hätte statt eines, in dem die Lebensqualität durch den Überlebenskampf ersetzt sei. Und überhaupt: Sie hätte ein gutes Leben gelebt und niemanden mehr zu versorgen; es gebe so viele andere Menschen, die eine Behandlung dringender bräuchten als sie. Und die Vorstellung, dass die Krankenkasse hunderttausende Euro ausgeben würde, um ihr Leben vielleicht um ein Jahr oder zwei zu verlängern, behage ihr überhaupt nicht.

Sprachs und setzte sich mit einiger Hartnäckigkeit durch – und lebte, um die Märchenformel zu nutzen, glücklich und zufrieden Jahr um Jahr, immer in der Erwartung, dass der Krebs irgendwann beschleunigt zu wuchern beginnt und ihr den Garaus macht. Jetzt kommt ihre Lebenszeit ans Ende. Sie macht sich keine Illusionen, und wenn man sie fragt, wie es geht, sagt sie: schlecht, was sonst? Sterben ist nichts für Romantiker und Freunde des frommen Kitsches, dem zufolge man sanft und allmählich von der einen in die andere Welt gleitet und sich friedvoll verwandelt. Aber sie hat gelernt, die Sache auf sich zukommen zu lassen, weil für sie der Schmerz und der Verlust an Lebenskraft zum Leben gehören; „ich bin mit Christus mitgekreuzigt", zitiert sie den Galaterbrief des Apostels Paulus. Sie ist unpathetisch fromm, aber nicht immer ist das ein Trost. Aber sie ist neugierig, was da wohl kommen wird. Sie glaubt, dass da etwas kommt, dass es hinterm Tod eine andere Wirklichkeit gibt. Und wenn nicht – wäre das nicht auch ein Erkenntnisgewinn?

Wenn man von Ärzten und von Menschen, die Todkranke und Sterbende begleiten, hört, wie verzweifelt und hartnäckig Patienten um ihr Leben kämpfen, um das letzte bisschen Aufschub – wie sie quälende und teure Behandlungen in Kauf nehmen, um zwei Wochen, zwei Monate oder ein Jahr Lebenszeit herauszuschlagen, da ahnt man, wie verunsichert die Mediziner waren, als Frau B. ihnen sagte: Ich lasse das mal alles auf mich zukommen. Das ist die Erkenntnis des – im Fall von Frau B. gottergebenen – Fatalismus: Das Leben gibt es nur auf Zeit. Alles, was es ausmacht, ist gegeben und geliehen. Schön, wenn man daraus etwas Gutes macht, stolz sein kann auf das, was man sich erarbeitet hat, was man gelernt, was man geliebt hat, was sich im Lauf der Zeit entwickelt hat. Aber irgendwann ist die Leihfrist abgelaufen, und alles ist zurückzugeben. Man kann seinen Körper trainieren und den Kopf wach halten, Beziehungen und Freundschaften pflegen. Zum Glück gibt es heute 80-jährige, die Sport treiben und Bücher schreiben, die durch die Welt reisen und feuchtfröhliche Stammtische bevölkern, und manche sind die besten Freundinnen und Freunde ihrer Enkelinnen und Enkel. Nur: Irgendwann ist's vorbei, mit der Sportlichkeit und der Schaffenskraft, der Konzentrationsfähigkeit. Es vergeht einem Hören und Sehen, und dann kommt der Tag, an dem man den Löffel abgibt – an jemanden, der einen dann füttert.

Das ist nun keine große Neuigkeit und geht schon so, seit es Menschen gibt. Es haben sich nur – und insgesamt zum Glück – die Zeitpunkte der jeweiligen Abschiede und Verluste so sehr nach hinten geschoben, dass selbst Menschen, die vor 200 Jahren gelebt haben, dies als ein einziges großes Wunder ansehen würden. Es hat sich aber zugleich die Vorstellung sehr verfestigt, dass es unbedingt zum Menschsein gehört, bis zum letzten Tag dieses lang gewordenen Lebens autonom und stark zu sein, aktiv und gesund – und damit die Grenze zu negieren, die das Leben hat. Es hat sich eine namenlose Angst vor dem Autonomieverlust ausgebreitet. Je nach Umfrage fürchten bis zu zwei Drittel der Deutschen, ihre letzten Lebensjahre einsam in einem Pflegeheim zu verbringen und dann nach vielen elenden Wochen auf der Intensivstation zu sterben – dabei sind in der Realität die meisten Menschen am Ende ihres Lebens nur verhältnismäßig kurz im Heim und im Krankenhaus. Demenz und Alzheimer bedeuten zudem nicht automatisch das Ende der Lebensqualität und Lebensfreude, dagegen kann man lange etwas tun. Trotzdem ist diese Vorstellung der wichtigste Grund, weshalb ältere Menschen mit dem Gedanken spielen, sich umzubringen oder den assistierten Suizid in der Schweiz zu wählen: Die

Leute haben weniger Angst vor den Schmerzen als vielmehr vor dem Autonomieverlust. Und dann fast genauso sehr, anderen zur Last zu fallen, dem Partner, den Kindern. Udo Reiter, der querschnittsgelähmte und auf den Rollstuhl angewiesene ehemalige Intendant des Mitteldeutschen Rundfunks, hat diese Haltung eindringlich im Januar 2014 in einem Beitrag für die Süddeutsche Zeitung beschrieben – zehn Monate, bevor er sich das Leben nahm: „Ich möchte nicht als Pflegefall enden, der von anderen gewaschen, frisiert und abgeputzt wird. Ich möchte mir nicht den Nahrungsersatz mit Kanülen oben einfüllen und die Exkremente mit Gummihandschuhen unten wieder herausholen lassen. Ich möchte nicht vertrotteln und als freundlicher oder bösartiger Idiot vor mich hindämmern. Und ich möchte ganz allein entscheiden, wann es so weit ist und ich nicht mehr will, ohne Bevormundung durch einen Bischof, Ärztepräsidenten oder Bundestagsabgeordneten."

Franz Müntefering, der ehemalige SPD-Vorsitzende, der seine Frau bis zum Tod gepflegt hatte, widersprach Reiter wenige Tage später in einem ebenso emotionalen Beitrag: „Die Würde des Menschen hat nichts zu tun damit, ob er sich selbst den Hintern abputzen kann. Nichts damit, ob er bis 100 zählen und ob er sich erinnern kann. Es gibt Menschen, die können das nie, und solche, die können das nach Krankheiten oder Unfällen oder altersbedingt nicht mehr. Lebten sie nicht in Würde?" Bei den zahlreichen, oft sehr persönlichen Leserzuschriften überwog jedoch die Zustimmung zu Reiters Position. Es ist, als ob „sei autonom" und: „Du darfst nicht zur Last fallen" neue kategorische Imperative geworden wären. In der Debatte um den assistierten Suizid erweckte mancher Befürworter des begleiteten Sterbens den Eindruck, als sei es ein Akt der Menschenwürde und Menschenliebe, per Freitod die Menschen davor zu bewahren, auf andere angewiesen zu sein, anderen zur Last zu fallen.

Der Fatalismus dagegen verweigert sich dem Schicksalsdesign, dem Zwang zur Lebensgestaltung bis zum Schluss und am besten noch über Tod und Beerdigung hinaus: Lass dich nicht hängen, bleibe aktiv, starre aber nicht angstvoll auf die enger werdenden Grenzen und das Ende deiner Möglichkeiten und Fähigkeiten – was würde es nützen? Nimm diese Grenzen gelassen, am besten mit Humor. Der Altersforscher Thomas Klie und der Zeichner Peter Gaymann geben seit einigen Jahren einen großartigen Kalender heraus mit Karikaturen über die Demenz, die Dementen und all die Leute rings um sie herum, bunt, fröhlich, für alle sichtbar an die Wand zu hängen. Hat einer der Patienten der schönen Pflegerin ein Herz gemalt, sie sagt: „Aber Herr Maier. Sie sind doch verheiratet!" Er: „Das vergessen wir jetzt mal hübsch." Haut einer zornig auf die Tastatur, brüllt: „Jetzt weiß dieser Scheiß-Computer mein Passwort nicht mehr!" Steht eine alte Frau vorm Kruzifix, sinniert: „Du verzeihst immer alles, ich vergess' immer alles – letztendlich kommt es aufs Gleiche raus." Eine Garantie ist das nicht fürs gelassene Älterwerden – Humor beseitigt keine Gliederschmerzen und keinen grauen Star, weder Inkontinenz noch Vergesslichkeit. Aber er macht das Unheimliche und Ängstigende kleiner. Er raubt ihm die alles bestimmende Übermacht.

Das hilft auch bei den kleineren und größeren Entscheidungen diesseits des Sterbens: Man kann die möglichen Folgen wägen, Wahrscheinlichkeiten fein durchkalkulieren, ein halbes Dutzend Ratgeber anhören, professionelle und solche aus dem Freundeskreis. Aber irgendwann muss man sich entscheiden und sich dann dem überlassen was da folgt. Man muss das Unplanbare hinnehmen, die Unsicherheit als Teil des kribbelnden Neuen nehmen, muss dem schwankenden Boden trauen. Wer sich nie der Zukunft anvertraut, bleibt immer dort stehen, wo er ist. Wobei ja auch das eine Illusion ist: Die Zeit ändert auch den, der stehenbleibt und so sicherzustellen glaubt, dass sich garantiert nichts ändert. Sicher, gewiss und garantiert nicht zu ändern ist nur der Tod. Das macht auch dann gelassen, wenn auf einmal das Leben nicht mehr ist, was es bislang war, im Guten wie im Schlechten: sei es, das sich einer verliebt oder einem Frau oder Mann wegläuft, dass einen die Krankheit packt oder die Heilung befreit, die Karriere winkt oder endet. So furchtbar dieses und so großartig jenes sein oder erscheinen mag: Alles sind vorletzte Dinge; sie sind nicht das Ende des Lebens, nicht der Beginn des endlosen Glücks oder des endlosen Unglücks.

Fatalismus erhöht die Fähigkeit, mit Glück wie mit Schicksalsschlägen gelassen umzugehen. Er macht, wie das heute gern gesagt wird, resilient – also fähig, Rückschläge, Verletzungen, Traumatisierungen zu verarbeiten, ohne an ihnen zu zerbrechen, und sich wieder aufzurichten. Der Begriff Resilienz wurde ursprünglich geprägt, um zu beschreiben, warum und wie Menschen schlimmste Traumatisierungen, ob Konzentrationslager oder jahrelange sexuelle Gewalt, überleben können, ohne daran zu zerbrechen. Er hat sich in der letzten Zeit leider bedenklich inflationiert und gewendet: Es kommt nicht darauf an, die Verhältnisse zu verbessern – der Einzelne muss halt resilient werden und aushalten, was ihm angetan wird; bis dorthin, dass im militärischen Bereich Resilienz zur Verharmlosung dessen verwendet wird, was im Kalten Krieg noch ehrlich Zweitschlagfähigkeit hieß und die Bereitschaft beschrieb, dem Gegner nach dessen erstem Atomschlag immer noch vernichten zu können. Aber der Grundgedanke ist richtig: Es gibt Kräfte, die dem Menschen helfen, sich wieder aufzurichten – tragfähige Beziehungen, Selbstvertrauen und die Gewissheit, geliebt und angenommen zu sein, Optimismus. Und ein guter Schuss Fatalismus: Es ist passiert, was passiert ist. Es ist, wie es ist, weil es kam, wie es kam. Mache das Bestmögliche daraus und richte dich wieder auf. Wat fott is, is fott, sagt der Kölner nach dem Rheinhochwasser – und macht sich daran, den Keller wieder trocken zu legen. Da sitzen und hadern hilft ja auch nicht weiter.

Und schließlich ist Fatalismus ein gutes Mittel gegen die irrationale Verlustangst, die auch zu einer dieser ansteckenden Gemütskrankheiten der Gegenwart zu werden droht. Ja, Angst ist ein notwendiger Schutzreflex des Menschen, sie macht ihn vorsichtig und empfindlich; sie ist eine Antriebskraft für Lebensveränderungen im Persönlichen wie im Politischen, sie hat ihren Anteil an der Entstehung von Kultur, Kunst und Literatur. Die Angst vor Krankheit und Tod treibt Menschen zu gesunder Ernährung und zum Sport, die Angst vorm Krieg begünstigt Abrüstungsverhandlungen, die vor der Klimakatastrophe bringt die Menschheit vielleicht doch irgendwann dazu, den weltweiten Kohlendioxidausstoß zu verringern. Es wächst aber gerade eine Ängstlichkeit, die irrational ist und lähmt, die unfrei macht und die Ängstlichen jenen Scharlatanen in die Arme treibt, die ihnen die angstlose Welt frei Haus versprechen. Ein paar Fälle aus dem Bekanntenkreis des Autors: die intelligente, gestandene Frau aus der norddeutschen Provinz, die fürchtet, dass der IS demnächst auch bei ihr im Vorgarten auftaucht und die nicht mehr gerne abends in die Stadt fährt. Der tief gläubige evangelikale Familienvater aus Oberhessen, der Sorge hat, dass er sich demnächst an die Scharia halten muss. Das wohhabende Paar aus Österreich, das die halbe Welt bereist hat, sich aber in der U-Bahn nicht hinsetzen möchte, weil es gelesen hat, dass die Junkies HIV-infizierte Nadeln so in die Sitze stecken, dass sie den Passagieren in den Hintern stechen. Der Banker mit bestem Einkommen, abbezahltem Haus in guter Lage und rundum sicherer Altersvorsorge, der sich trotzdem sorgt, dass er seinen Kindern nichts vererben wird. Dazu jener Leserbriefschreiber, der ankündigt, sich eine

Pistole zulegen zu wollen aus Angst vor Einbrechern (der Rat der Polizei: bloß nicht! Ein ordentliches Schloss ist besser), die Verkaufszahlen für Pfefferspray, die durch die Decke gehen, die Anzeigen, die man vor allem auf den rechten Internetpräsenzen findet und die für Notfallnahrung und Notstromaggregate, Schutzräume und Schreckschusspistolen werben. Was die ganze Angst und angstgetriebene Vorsorge helfen würde, um mit dem kleinen Spion Rudolf Abel zu fragen? Der würde den Mund zum Spott verziehen und sagen: nichts.

Der Fatalismus erhebt Einspruch, wenn
Sicherheit zum höchsten Gut ernannt wird

Sicherheit ist das höchste Gut einer Demokratie, sie zu schaffen und zu garantieren die
oberste Pflicht des Staates. Horst Seehofer hat
das gesagt, der bayrische Ministerpräsident;
es war am 31. Juli 2016, als Stadt und Staat um
die Opfer des Münchner Amoklaufs trauer-
ten. Der Satz scheint unwiderlegbar zu sein
in der Zeit des islamistischen Terrors: Nicht
einmal fünf Monate nach Horst Seehofers
Satz kaperte am 19. Dezember Anis Amri, der
schon mehrmals verurteilte Gewalttäter aus
Tunesien, einen schweren, schwarzen Lastwagen, raste mit ihm über den Weihnachtsmarkt auf dem Breitscheidplatz im Herzen

Berlins, ermordete zwölf Menschen, verletzte Dutzende schwer. Bis heute haben mehrere Kriminalämter, Geheimdienststellen und parlamentarische Untersuchungsausschüsse nicht abschließend geklärt, wie ein gewalttätiger und offensichtlich radikalisierter Mann wie Anis Amri diese Mordtat begehen konnte, obwohl er im Visier der Polizei und des Verfassungsschutzes war und längst hätte abgeschoben sein müssen. Das Versprechen des Staates, für die Sicherheit seiner Bürger zu sorgen, wirkt hohl angesichts der zahlreichen Pannen im Vorfeld des Attentats. Und immer wieder sind seitdem junge Männer aus Syrien, Afghanistan, dem Irak oder den Maghreb-Staaten festgenommen worden, weil die Polizei Anhaltspunkte hatte, dass sie einen Anschlag im Sinn oder gar schon in der Planung hatten.

Sicherheit ist das höchste Gut. Das klingt selbstverständlich, wenn Angst und Unsicherheit die öffentlichen Räume erfassen. Die Gewalttaten, Belästigungen und Diebstähle der Kölner Silvesternacht von 2015 auf 2016 haben ja nicht das Land verändert, weil die Polizei für drei, vier Stunden die Lage zwischen Hauptbahnhof und Domplatte nicht im Griff hatte, sondern weil sich bei vielen Menschen der Eindruck festsetzte, dass in Deutschland insgesamt der öffentliche Raum nicht mehr sicher ist, seit so viele Flüchtlinge gekommen sind. Viele Frauen fühlen sich auch dann angestarrt und unwohl, wenn nichts passiert; es hat sich ein Grundgefühl geändert, das lässt sich auch nicht dadurch wegdiskutieren, dass man die Polizeistatistik zur Hand nimmt, der zufolge die Gruppe der jungen Zuwanderer, wie dort alle Asylberechtigten, Geduldeten, Kontingent- und Bürgerkriegsflüchtlinge zusammengefasst heißen, zwar ein echtes Problem darstellt – dass man aber auf Deutschlands Straßen sicherer ist als vor dreißig oder gar fünfzig Jahren.

Wenn alles prekär zu werden scheint, Beruf und Euro und Rente eingeschlossen, scheint Sicherheit das Gebot der Zeit zu sein. Wappne dich, schütze dich vor Verletzung und Verlust, sichere das Erreichte. Zieh hoch die Mauer, das Tor mach zu. Draußen steht der Feind. Deutschland gilt europaweit als Hort der Stabilität und der Sicherheit, der Wirtschaft geht es blendend – institutionelle Anleger bringen ihr Geld nach Deutschland und zahlen in Form von Negativzinsen noch drauf, weil die Anlage hierzulande so sicher ist. Doch die Sorge steigt, dass es nicht so gut und sicher im Land bleiben wird, dass es die Kinder der Erwachsenen von heute einmal schlechter haben werden, nicht besser. Die AfD ist eine Geburt dieses Krisengefühls; sie nutzt und bedient die Ängste, die da entstanden sind und weiter wachsen, ihr Parteiprogramm hat auf die Krisen der Zeit eine klare Antwort: Mehr Sicherheit, höhere Grenzzäune, das nationale Eigeninteresse soll wieder im Mittelpunkt staatlichen Handelns stehen, Offenheit und Pluralismus in der Gesellschaft zurückgedrängt werden.

Bei der Bundestagswahl 2017 hat das der AfD insgesamt 12,6 Prozent der Stimmen gebracht, in einigen Landkreisen Sachsens ist sie gar die stärkste Partei geworden, in Bayern hat sie in den von der Flüchtlingskrise besonders betroffenen Regionen der CSU viele Stimmen weggenommen. Und egal, wie zerstritten und dilettantisch sich das Führungspersonal präsentiert – die neue rechte Partei dürfte so schnell nicht wieder aus den Parlamenten verschwinden. Die Partei beeinflusst und verändert die politischen Diskussionen weit über ihre Anhänger- und Wählerschaft hinaus.

Es stimmt ja: Ein guter Staat sorgt für Sicherheit. Er tut dies mit Militär, Polizei und Geheimdiensten. Er setzt Gesetze in Kraft, die Gerechtigkeit und Rechtsstaatlichkeit garantieren, schafft eine ordentliche Verwaltung und ein tragfähiges Sozialversicherungssystem. Er betreibt eine Wirtschaftspolitik, die Arbeitsplätze schaffen hilft. Wenn es in einem Land sichere Straßen, Wohnungen und Lebensverhältnisse gibt, dann bringt das Frieden und Vertrauen. Ein starker Staat schützt vor allem die Schwachen: Wer reich ist, kann sich selbst dort Sicherheit kaufen, wo dem Staat das Gewaltmonopol entglitten ist, ob in Lateinamerika, in Afrika oder in einer Kaukasusrepublik. Es gab Jahre, da wurde die Sorge um die Sicherheit mit einem überlegenen Lächeln abgetan: ihr Angsthasen. Es war ein Wohlstandslächeln, ein Friedliche-Zeiten-Lächeln.

Aber ist Sicherheit tatsächlich das höchste Gut? Ist sie das „Summum Bonum", der letzte Zweck allen ethischen und moralischen Handelns, an dem sich alle anderen Handlungen ausrichten und messen lassen müssen? Das, was Bayerns Ministerpräsident da sagte und seitdem viele andere wiederholten, ist eine geradezu religiöse Überhöhung der Sicherheit. Es hieße, die Panzerung zu heiligen und die Unverwundbarkeit zum Sakrament zu erheben. Es würde bedeuten, dass die anderen Ziele des demokratischen Gemeinwesens hinter der Schaffung und Wahrung der Sicherheit zurückstehen und ihr dienen müssten: Freiheit, Gerechtigkeit und Menschenwürde. Die Sicherheit als säkulare, innerweltliche Religion – nicht ohne Grund haben gerade Kirchenvertreter nach dem Anschlag auf den Berliner Weihnachtsmarkt davor gewarnt, die Sicherheit zu heiligen, Heinrich Bedford-Strohm, der Ratsvorsitzende der Evangelischen Kirche in Deutschland, genauso wie Kardinal Reinhard Marx, der Vorsitzende der katholischen Bischofskonferenz.

Tatsächlich ist hier der Einspruch der Christen gefragt. Wenn die Sicherheit geheiligt werden soll, betrifft das den Kern ihres Glaubens, der sie auch von anderen Religionen unterscheidet. Es ist ja der Glaube an einen Gott, der ein schutzloses und verletzliches Kind wird, dann als ungesicherter Wanderprediger umherzieht – angewiesen auf den gedeckten Tisch der Schwiegermutter des Petrus, die eine Frau von großer

Geduld und Güte gewesen sein muss. Es ist der Glaube an einen Gott, der als Staatsgefährder verhaftet und angeklagt wird; der gefoltert und erniedrigt am Kreuz stirbt. Der Triumph, die Auferstehung, ist ohne diesen existenziellen Verzicht auf Macht und Sicherheit nicht denkbar, ohne einen Gott, der sich um der Menschen willen tödlich verwunden lässt. Das Christentum stellt deshalb strukturell menschengemachte Sicherheitsmaßstäbe infrage. Es ist aus religiösen Gründen immanent fatalistisch: Trotz aller Vorkehrungen kann es keine absolute Sicherheit geben innerhalb dieser Welt. Wer dies verspricht, verbreitet eine Irrlehre – er lügt. Und wer Freiheit, Menschen- und Bürgerrechte dem Sicherheitsdenken unterordnet, verrät das Gemeinwesen. Höchste Zeit, gegen die Heiligung der Sicherheit diesen heilsam verunsichernden Fatalismus zu setzen: Nie ist eine Lage wirklich unter Kontrolle. Sie darf es nicht sein, um der Freiheit und der Menschlichkeit willen.

Der Staat selber kann nur begrenzt fatalistisch sein. Er muss den Terror bekämpfen und Kriminelle einsperren. Er muss dafür sorgen, dass es Strom und Wasser für alle gibt, Wohnungen, Arbeitsplätze, Hilfe in Krankheit und Not. Er braucht aber, um nicht dem autoritären Regiment zu verfallen, dringend Kräfte, die bohren und sagen: Sicherheit ist nicht das höchste Gut. Die Sicherheit ist die Dienerin der Freiheit, der Gerechtigkeit und der Menschenwürde. Sie kann auch nicht einfach durch mehr Polizei und Überwachung hergestellt werden. Sie wächst mit dem innergesellschaftlichen Frieden, mit dem menschlichen Umgang miteinander, dem fairen Ausgleich zwischen Arm und Reich, Jung und Alt. Und sie kann niemals absolut und vollkommen sein. Das treibt Risse ins Selbstgewisse. Es lässt Panzerungen brüchig werden und Mauern bröseln. Es kann gar nicht genug Kräfte der Zivilgesellschaft geben, die das betreiben.

Zugegeben: Die Asymmetrien, die dadurch

entstehen, können schwer auszuhalten sein. Es trifft Menschenverachtung auf Menschlichkeit. Die Wahrung des Rechts begegnet den Feinden des Rechtsstaats. Es kämpft die Differenzierung gegen die Wort- und Bildgewalt der Fundamentalisten. Das wirkt gerade dann hilflos, wenn das Gewalttätige des Terrors und die Durchschlagskraft des Hasses übermächtig zu sein scheinen, wenn die Frage kommt: Glaubt ihr wirklich, mit gutem Zureden und Sozialarbeit die Gewalt besiegen zu können? Es stimmt, gutes Zureden hält den Lastwagen vorm Weihnachtsmarkt so wenig auf wie den Bombenbastler. Es ist aber auch andersherum naiv zu glauben, ein Land könnte sich mit Maschinenpistolen, Geheimdienstlern und Polizisten unverwundbar machen. Es ist ein Trugschluss, ein Staat, eine Gesellschaft könnte in einer Art Tauschgeschäft die Freiheit geben und die Sicherheit bekommen. Und es ist eine Illusion, man könne Verletzungen vermeiden, gar heilen, indem man selber Wunden schlägt. Das war die Fehleinschätzung von US-Präsident George W. Bush, der das Trauma der Attentate vom 11. September 2001 durch den Irakkrieg überwinden wollte. Er hat damit weder sein Land noch die Welt sicherer gemacht. Im Gegenteil: Erst der Krieg gegen Saddam Hussein hat den IS stark gemacht, hat in den irakischen Gefängnissen die ehemaligen Geheimdienstler und Militärs des gestürzten Diktators mit den militanten Dschihadisten zusammengebracht. Es ist naiv, ein Leben ohne Unsicherheiten anzustreben, zu glauben, dass es das überhaupt geben kann. Dieser Versicherungsglaube bricht spätestens dann zusammen, wenn sich herausstellt, dass er nicht garantieren kann, was er verspricht. Dann bleiben entweder heillose Panik oder ewiger Kriegszustand, mit immer neuen Gemeinschafts- und Staatsfeinden.

Das vorige Kapitel handelte davon, dass ein Mensch, der seine Verletzlichkeit nicht verdrängt, sondern weiß, dass er verwundet werden kann, in der Regel besser mit

Krisen, Rückschlägen und Verwundungen umgehen kann als jemand, der sich unverwundbar wähnt. Das lässt sich auch auf Staat und Gesellschaft übertragen: Gemeinwesen kommen besser mit Gewalt, Katastrophen und Unsicherheit zurecht, wenn sie Sicherheit nicht zum höchsten Gut erklären, wenn sie um ihre Verletzlichkeit wissen und darum, dass sie sich nicht unangreifbar machen können; wenn sie wissen, dass sie einiges auf sich zukommen lassen müssen und die Zukunft nicht im Griff haben. Es ist besser, mit der Unsicherheit leben zu lernen, als sich ständig vor ihr zu fürchten. Dieser Grundsatz klärt nicht, welche Befugnisse Geheimdienste für ihre Arbeit brauchen oder wie viele Polizisten ein Bundesland einstellen soll. Aber es nimmt die Hysterie aus der Debatte. Die Unsicherheit als Teil des Lebens zu begreifen, ermöglicht Nüchternheit und Realismus: Was hilft tatsächlich, Sicherheit zu schaffen, und was ist Aktionismus? Es hilft zu differenzieren: Es gibt Muslime, die gefährlich sind, es sind aber nicht die Muslime gefährlich; es gibt Vergewaltigungen, aber es lauert nicht überall ein Vergewaltiger um die Ecke; es gibt Krisen, die Bundesrepublik aber steht nicht am Abgrund.

Die Kraft der Verunsicherung resigniert nicht schulterzuckend vor der Gewalt. Sie weckt die Kräfte des Zusammenhalts und der Mitmenschlichkeit. Sie nimmt damit dem Terror den Sieg. Das war ja das wahrhaft Erstaunliche an jenen furchtbaren Tagen im Dezember 2016: Es war überraschend wenig Hass zu hören, bei den Trauernden auf dem verwüsteten Breitscheidplatz und überhaupt in Deutschland – der Hass blieb weitgehend den sich selbst verstärkenden Blasen und Echokammern im Internet vorbehalten. Es jagte nicht die Panik durchs Land, die Weihnachtsmärkte blieben voll, die Fußballstadien, die Fußgängerzonen und Konzerte. Die Menschen waren zu Recht zornig und traurig, aber nicht hasserfüllt. Sie waren und sind besorgt, aber sie vergehen nicht vor Angst.

Manche Kommentatoren kritisierten die Bevölkerung, aber auch die Politiker wegen ihres Fatalismus, der sich da zeige, es sei nicht gut, sich an solche Anschläge zu gewöhnen. Nein, gewöhnen soll man sich nicht an die mörderische Gewalt und erst recht nicht daran, dass diese Gewalt ihre Opfer fordert. Die Gelassenheit aber, die auf den Anschlag am 19. Dezember 2016 folgte, war das ermutigende Zeichen einer inneren Sicherheit, den keine Sicherheitskraft dieser Welt schaffen und garantieren kann.

Ein Jahr zuvor, im November 2015, nach den furchtbaren Anschlägen von Paris, brachten die Kollegen der taz auf ihrer Titelseite „100 Gründe, um cool zu bleiben". „In Deutschland sterben in jedem Jahr mehr Menschen an Fischgräten als in den vergangenen zehn Jahren bei terroristischen Anschlägen", stand da. Oder: „Wir haben eine starke Demokratie. Und ein Grundgesetz. Und Helge Schneider." Ja, Helge Schneider, der Komiker, der großartige Bänkelsänger des nonsensgestützten Fatalismus! Oder, so die taz-Kollegen: „Weil Hysterie schlecht für Herz und Kreislauf ist". Würde das helfen, Hysterie? Sie würde der Gesundheit schaden, sonst nichts.

Wie gegen die Hysterie so steht der Fatalismus aber auch gegen alle steilen Weltverbesserungsfantasien, gegen das Pathos, dass das Paradies auf Erden machbar ist – gegen geschlossene Weltmodelle mit totalitärem Anspruch steht er sowieso. Er glaubt nicht an die ideale Welt, jedenfalls nicht im irdischen Rahmen. Er ist skeptisch, wenn einer behauptet, es gebe da Mechanismen zur Weltverbesserung, man müsse nur jenes Gesetz verabschieden und nur dieses Gesellschaftskonzept zur allgemeinen Norm machen – das gilt für rechte wie für linke Weltverbesserungskonzepte. Ein Fatalist geht nicht davon aus, dass alle Menschen in Frieden und Harmonie leben, wenn Frauen zu Hause bleiben und Kinder hüten, die Ausländer aus dem Land geworfen werden, das deutsche Volkslied neu erblüht und Juden und Schwule sich ein bisschen mehr zurückhalten in der Öffentlichkeit. Er glaubt aber auch nicht, dass die ideale Gesellschaft entsteht, wenn alle per Dekret zu Fremdenfreundschaft, Vorurteilslosigkeit, Autoverzicht und Mülltrennung gezwungen werden und jenen der Zeigefinger der Moral in den Bauch gestoßen wird, die da nicht so mitmachen möchten oder können, wie die Sitten- und Toleranzwächter es verlangen. Der gute Fatalist weiß schon, dass es nicht egal ist, ob es in einem Land ausreichend Kinderkrippen gibt oder nicht und wie viel eine Kindertagesstätte kostet; er weiß, dass ohne Gesetzeszwang weder der Katalysator noch die Sicherheitsgurte in die Autos gekommen wären und es wohl auch Gesetze brauchen wird, um die Mobilität in Deutschland neu zu organisieren. Aber er ist kein Freund des mit gewaltiger Propaganda verkündeten großen Sprungs nach vorne; kommt einer mit großem Pathos, sagt er leise: Mal sehen, was die Zeit so bringt. Er kommt aber mit dem Tastenden und Suchenden einer Politik zurecht, die in unsicheren und sich schnell ändernden Zeiten auf Sicht entscheiden muss und sich in der Kunst des Kompromisses übt. Er muss nicht glauben, dass die Energiewende in Deutschland den Klimawandel im Alleingang stoppt. Er muss aber auch nicht fürchten, dass das Land demnächst ohne Licht und Strom dasitzt. Er kann den Weg insgesamt gut finden und sagen: Mal sehen, wie es weitergeht, die Zukunft wird zeigen, was wie nützt. Eine Politik ohne Visionäre wäre eine furchtbare Veranstaltung – eine Politik, die nur von Visionären gemacht würde, aber auch. Jeder Visionär braucht einen Fatalisten; besser noch: einen kleinen Fatalisten im eigenen Inneren.

Der Gott der Verunsicherung und der Glaube auf schwankendem Boden

Im Jahr 1782 veröffentlichte Johann Heinrich Gottlob von Justi seine „Grundsätze zur Policeywissenschaft". Justi war ein typischer Vertreter des aufgeklärten Absolutismus; der Rechtswissenschaftler hatte schon einige Posten bekleidet, ehe er 1755 Kammeral- und Polizeidirektor von Göttingen wurde. Er war ein Mann der Praxis. Die Polizeiwissenschaft, über die er schrieb, war viel mehr als heute die Kriminalistik: Justi war eine Art früher Politikwissenschaftler. Über den Nutzen einer guten Religion schreibt er: „Die Religion hat großen Einfluss auf die Wohlfahrt des Staates. Die oberste Gewalt muss also auch ihre Aufmerksamkeit und Vorsorge auf die Religion der Untertanen erstrecken." Der Staat müsse ein Interesse an frommen Bürgern haben. Eine „Religionspolicey", eine amtliche Aufsicht also, solle dafür sorgen, dass „Ehrfurcht gegen die Gottheit, Gehorsam gegen die Gesetze, Treue gegen den Staat und sittlichgute Gesinnungen gegen ihre Mitbürger" gepredigt würden. Kurz: Eine ordentliche Religion spart jede Menge Polizisten. Der kluge Landesherr sorgt dafür, dass die Kirchen in seinem Land voll sind, denn je gottesfürchtiger seine Untertanen sind, desto weniger stehlen, betrügen, huren oder saufen sie – desto fleißiger arbeiten sie, desto besser kümmern sie sich um Alte, Kranke und Kinder. Die Religion legitimiert die Regentschaft der Regierenden. Sie sorgt dafür, dass sich die Untertanen ohne staatlichen Zwang als gute Bürger benehmen, friedlich miteinander umgehen und gar nicht erst auf staatsgefährdende Gedanken kommen.

Letztlich wird in der Regel noch heute so

die öffentliche Funktion von Religion begründet – natürlich in einer modernisierten Form: Eine gute Religion hält die Menschen zusammen. Sie ist die dickste Säule, auf der die Zivilgesellschaft steht. Sie bringt die Menschen dazu, sozial zu denken und sozial zu handeln. Sie mildert und verhindert Konflikte, sie bewahrt die Kultur und die Geschichte eines Landes. Sie schafft – neben vielen anderen Kräften –, die Grundvoraussetzungen für das Funktionieren einer Zivilgesellschaft, die der Staat alleine mit Gesetzen, Justiz und Polizei nicht schaffen kann. Daran ist viel Wahres. Aller Säkularisierung zum Trotz werden die großen christlichen Kirchen auf absehbare Zeit die größten gesellschaftlichen Gruppen in Deutschland bleiben. In ihren Kirchengemeinden, Vereinen und Verbänden engagieren sich so viele Menschen wie in sonst keiner anderen Institution, Millionen Menschen kommen in ihre Gottesdienste. Die Kirchen werden ein wichtiger Arbeitgeber und Sozialträger bleiben. Und auch, wenn religiöse Traditionen abbrechen und religiöses Wissen abnimmt: Die Kultur, der Vorrat an Deutungen und Zeichen in dieser Gesellschaft wird christlich bleiben, bis hin zu der eigentümlichen Erscheinung, dass die weitgehend säkularen und in Teilen dezidiert religionsfeindlichen Anhänger der rechtsradikalen Pegida in Dresden das Abendland, und zwar das christliche, vorm Islam retten wollen. Das spannungsvolle Miteinander von Staat und Religion hilft, fundamentalistische Einstellungen zu begrenzen und den religiösen wie gesellschaftlichen Frieden im Land zu bewahren. In diesem Sinne geht tatsächlich ein roter Faden von Johann Heinrich Gottlob von Justis „Grundsätzen zur Policeywissenschaft" hin zum heutigen Staat-Kirchen-Verhältnis und zur Islamkonferenz der deutschen Bundesinnenminister.

Wer aber das Lob des Fatalismus in der bisher geschehenen Weise singt, muss, wenn er auf die Religion zu sprechen kommt, den Blick verstärkt auf die verunsichernde, die irritierende Seite Gottes lenken. Sie wahrzunehmen ist umso wichtiger, je stärker angesichts der Unsicherheiten in der Welt und im eigenen Leben der Sicherheits- und Versicherungsglaube wird, der Glaube an die Planbarkeit des eigenen Lebens und an die Selbsterlösung durchs Persönlichkeitsdesign, an die Unverletzbarkeit des Landes und das Primat der Sicherheit. Die religiöse Konsequenz dieses Fatalismus wäre, die verunsichernde Seite des Glaubens zu stärken, gerade in einer Zeit, in der die Kehrseiten der Globalisierung spürbar werden, in der der vieles unsicher, schwankend, und nicht mehr vorhersehbar geworden ist.

Wenn man Menschen fragt, wie und warum sie glauben, sprechen sie meist über die versichernde Seite des Glaubens. Der Glaube hält Regeln für das Leben bereit, Leitplanken für den Alltag. Darüber hinaus und viel tiefergehend bietet er das Vertrauen in das voraussetzungslose Ja Gottes zum Menschen an: Ich kann nie tiefer fallen als in Gottes Hand.

Das ist gut so. Wer einen Lebensbruch erfahren hat, weiß, wie tröstlich und hilfreich es sein kann, sich auch dann geborgen zu wissen, wenn die ganze Welt sich gegen einen zu verschwören scheint. Die sichernde, Beistand versichernde Seite des Glaubens kann existenziell wichtig werden für Menschen, die das Schicksal getroffen hat. Allerdings: Ein Glaube lässt sich nicht wirklich sichern, festzurren, von allen Zweifeln reinigen. Jeder Mensch, der glaubt, muss sich auf eine existenzielle Unsicherheit einlassen. Um bei den Christen zu bleiben: Von diesem Jesus, der da vor 2000 Jahren lebte, weiß man für eine antike Persönlichkeit verhältnismäßig viel, er scheint die Menschen fasziniert und beschäftigt zu haben. Trotzdem: Wer ihn kannte, hat nicht über ihn geschrieben. Und wer über ihn geschrieben hat, der hat ihn nicht gekannt; alles Wissen über ihn bleibt unsicher. Und dann ist dieser Jesus auch noch ein furchtbar Gescheiterter. Seine Botschaft vom liebenden Gott erregte das Misstrauen der Obrigkeit;

der Satz, er sei der Sohn Gottes, galt als Blasphemie. Er wurde auf die grausamstmögliche Weise hingerichtet: Der Kreuzestod vernichtete jede Würde und Menschlichkeit des Hingerichteten. Dass dieser so furchtbar Vernichtete im Triumph aus dem Grab erstanden sein soll, ist ein Glauben gegen jede Wahrscheinlichkeit, so sehr der unerschütterliche Glauben seiner Anhänger fasziniert und die Tatsache erstaunt, dass sich diese Glaubensgewissheit über 2000 Jahre hinweg gehalten hat. Bis heute ist dieser Glaube an den auferstandenen Gescheiterten ein Skandal, ein Grund, Anstoß zu nehmen.

Wer nun an diesen gekreuzigten und auferstandenen Jesus glaubt, muss bereit sein, sich dem schwankenden Boden anzuvertrauen. Er hat keine Sicherheit, dass der Tod nicht das Ende ist und die Liebe stärker als der Tod – er hat nicht mehr als die Hoffnung und das Vertrauen darauf, dass dieser dünne Boden hält, der knackt und knirscht bei jedem Schritt. Er weiß nicht, ob Gott wirklich so ist, wie ihn (oder sie?) die Kirchen lehren, die Theologen und Philosophen denken, wie er persönlich ihn sich vorstellt – er weiß nicht einmal, ob es gut ist, sich diese Gotteserkenntnis oder die Nähe zu Gott zu wünschen. Wer nicht alles Verunsichernde, Beängstigende und Irritierende aus seinem Glauben verbannt und sich einem ewig fraglosen Kinderglauben hingibt, muss diese Verunsicherung akzeptieren, die sich da vor einem ausbreitet. Es bedeutet zu wissen, dass man da gerade mit bestenfalls zweitbesten Erkenntnismöglichkeiten über die letzten Dinge nachdenkt. Und dann erscheint einem Gott nicht als die himmlische Supernanny, die uns an der Hand durchs Leben führt, sondern, bei aller Solidarität mit seinen Geschöpfen, auch als fremder Gott, der einem unbegreiflich und auch unheimlich, gar abgründig bleiben muss. Der Glaube an einen fremden, gescheiterten Gott beschreibt die Paradoxe des christlichen Glaubens: Ohne Scheitern keine Erlösung, ohne Tod kein

Leben, ohne Zweifel und Verzweiflung kein Glauben.

Das ist anstrengend. Und die Versuchung ist natürlich groß, sich die Unsicherheiten und Irritationen ersparen zu wollen. Aber den Glauben auf die Funktion eines Versicherungsglaubens einzuengen, der einem die Unwägbarkeiten des Lebens erspart oder zumindest abfedert, ist gefährlich: Ein reiner Versicherungsglaube funktionalisiert die Religion, wie es einst, in bester Absicht, der Policeywissenschaftler Johann Heinrich Gottlob von Justi tat. Er beruhigt bestenfalls oberflächlich. Häufiger aber lässt er einen ängstlich auf den Punkt starren, an dem er vielleicht nicht mehr funktionieren könnte. Er lässt einen unbeweglich werden und ans Angesparte denken, an die spirituellen wie materiellen Rücklagen. Einem solchen Versicherungsglauben jagte zum Beispiel der junge Augustinermönch Martin Luther nach: Er betete, fastete, kasteite sich, immer in der Angst, dass alle seine Gebete und guten Werke nicht reichen könnten, dass Gott ihn deshalb beim Jüngsten Gericht gnadenlos zur ewigen Verdammnis verurteilen würde. Es gehört zu seinen wirklich großen Erkenntnissen, dass dies so nicht sein kann, weil Gott den Sünder, das Unvollkommene den Menschen in seiner Menschlichkeit zuerst angenommen hat, weil dieser Mensch vor Gott gerechtfertigt ist, ohne dass er sich selber erlösen muss. Deshalb hat im Christentum das Unvollkommene seinen Platz, das Gebrochene, Leidende, Abgründige und Zweifelnde. Das Christentum kennt die dunkle Seite des Lebens. Es lässt sich auf diese Seite ein, weil es glaubt: Das Dunkle behält nicht das letzte Wort. Der schwankende Boden trägt.

Der Glaube an den irritierenden Gott bedeutet, die Wahrheit als nie zu erreichendes Ziel einer immer doch notwendigen Suche zu begreifen. Man kann sie nicht besitzen, die Wahrheit. Die Wahrheit gehört jemand anderen, nämlich Gott; worauf der Christ hoffen kann, ist die Zusage Gottes, dass die

Suche nach der Wahrheit trotzdem nicht vergebens sein wird. Immer wenn die Christen dies missachtet haben, waren die Folgen furchtbar für alle, die anders glaubten, und der Abgrund der religiös motivierten Gewalt war nicht fern. Die Erkenntnis, dass Gottes Wahrheit außerhalb dieser Welt existiert, hat Christen immer wieder die Kraft gegeben, gegen innerweltliche Wahrheits-, Absolutheits- und Totalitätsansprüche Widerstand zu leisten; gegen die des Nationalsozialismus und die des Kommunismus – aber auch gegen jene Dogmatiker des Kapitalismus, die die Herrschaft des Geldes religiös überhöhen. Das ist das Wächteramt der Christen: Sie müssen immer dann widersprechen, wenn einer beansprucht, die Welt erklären und in ihrer Ganzheit deuten zu können, wenn einer mit einem Menschheitserlösungskonzept kommt.

Dieses Amt wird wichtiger werden. Die alten und neuen fundamentalistischen, populistischen und totalitären Versuchungen haben mit dem Internet ein ubiquitäres Medium gefunden; man kann sich dort auf das menschenfreundlichste verbinden, austauschen und informieren, aber auch Gerüchte, Falschinformationen, Wahrheitskonstruktionen weltweit verfügbar machen, man kann Menschen dort sozial vernichten. Man kann herausfiltern, was nicht ins eigene Wahrheitskonstrukt passt, unterstützt von den Algorithmen der Suchmaschinen, die auf die Verengung des Horizonts hin ausgelegt sind. Wenn einer aber alles Irritierende, Fragende und Fremde ausradiert, bleiben ihm nur noch die eigenen Wahrnehmungen und Glaubensgrundsätze als letzte Wahrheit stehen, perfekt, bereinigt von allen Gegenargumenten, dem Anderen im aggressiven, hasserfüllten Kommentar oder Tweet vor die Füße gespuckt. Dagegen müssen nun die Christen – welche Ironie der Geschichte – das Lob des Zweifels singen, gemeinsam mit allen anderen Zweiflern, gegen das Überhandnehmen der millionenfachen Unfehlbarkeitserklärungen und Verdammungen der Andersgläubigen und Skeptiker. Sie müssen Anwälte von Sätzen werden wie: „Könnte es sein, dass es auch anders ist?" Und: „Ich weiß es nicht". Oder: Ich muss darüber nachdenken. Vielleicht sogar: Es könnte sein, dass du recht hast. Sie müssen Anwälte des strittigen, aber auch fairen Diskurses werden, müssen den Empörungsblasen die Luft herauslassen und dem Bürgerkriegsgerede, das da immer wieder hochkocht, ein paar Abrüstungssätze entgegensetzen.

An einen Gott zu glauben, dessen man sich nicht gewiss sein kann, bedeutet ja nicht, richtungslos, ziellos oder gar haltungslos zu sein. Der Glaube an den Gott des Zweifels bedeutet, leidempfindlich zu werden. Maßstab der Gottessuche ist der leidende, schwache, schutzbedürftige Mensch. Die Orientierung am Bedürftigen, Schwachen, Unvollkommenen ist ein Wesensmerkmal des Christlichen; schon die ersten Christen haben sich vom Kult um die Vollkommenheit und um den

Erfolg in den antiken Religionen abgegrenzt. In Jesu Abendmahls-Auftrag „tut dies zu meinem Gedächtnis" wird die Erinnerung an den leidenden, gefolterten Gott Gegenwart und mit ihm die Erinnerung an alle leidenden, gefolterten, ermordeten Menschen. Für die Starken, Erfolgreichen und Wohlhabenden heißt das: Stärke, Erfolg und Wohlstand existieren nie um ihrer selbst willen. Sie sind nicht aus sich heraus Beweis der Zuneigung Gottes, sie sind im Gegenteil erst durch die Verpflichtung gerechtfertigt, Stärke, Erfolg und Wohlstand zugunsten der Schwachen einzusetzen. Es nehmen ja auch im reichen Deutschland die Verteilungskonflikte zu: zwischen Flüchtlingen und Obdachlosen, zwischen Millionen-Erben und prekär Beschäftigten, Jungen und Alten. Sie nehmen zu zwischen jenen gut ausgebildeten Menschen, die voller Empörung das Gefühl haben, sie bezahlten den Staat – und jenen Menschen, die voller Zorn sind, weil sie nie eine richtige Chance auf eine Ausbildung, einen Job, ein einigermaßen bürgerliches Leben hatten. Sie wird auch im weltweiten Maßstab umso wichtiger werden, je mehr die Menschheit tatsächlich eine globale Gemeinschaft mit globalen Chancen, aber auch globalen Problemen wird.

Und so gehört zum Wissen um die Grenzen der Glaubensgewissheit das Wissen um die Grenzen der eigenen Lebensweise, des eigenen Lebensstils. Der nach jedem islamistischen Anschlag gesagte Satz, es gelte nun, die westlichen Werte und die westliche Lebensweise zu verteidigen, ist ein zwiespältiger Satz. Natürlich müssen Staaten ihre Bürger schützen, die Bürger sollen sich nicht von dem Schrecken beherrschen lassen, den Terroristen verbreiten wollen, gilt es Freiheit, Demokratie, Rechtsstaat und Pluralismus zu schützen. Aber diese westliche Lebensweise, auf die man in vielem zu recht stolz sein kann, hat auch ihre Abgründe. Es sterben Näherinnen in Bangladesh in den Trümmern ihrer gegen alle Vorschriften erbauten Fabrik, weil die Leute im Westen billige T-Shirts kaufen wollen. Es sterben Menschen in den Konflikten um den Abbau der so genannten Seltenen Erden, ohne die kein Smartphone funktioniert. Über Jahrzehnte haben die Industriestaaten bedenkenlos Öl und Kohle verfeuert, sodass nun Millionen Menschen im buchstäblichen Sinn das Wasser bis zum Hals steht. Im Namen des Westens und der Freiheit wurden Kriege geführt, die nicht Freiheit, Frieden und Demokratie brachten, sondern Leid und neuen Krieg. Die vielen Millionen Flüchtlinge, die derzeit durch die Welt irren, haben auch mit der westlichen Lebensweise zu tun, mit dem Widerspruch aus guten Werten und egoistischem Handeln. Was rechtfertigt Eure Lebensweise, Euren Lebensstil? Diese Frage werden sich die so selbstgewissen Industrienationen drängend stellen lassen müssen. Und Regierungen wie Bürger werden zu dem unangenehmen Ergebnis kommen: In vielen Bereichen können wir nicht weiter so leben wie bisher.

Sich auf den rätselhaften und fremden Gott einzulassen heißt schließlich, sich auf das Fremde einzulassen, im Bewusstsein des Eigenen. Die Begegnung mit dem Fremden, dem fremden Menschen wie auch fremden Situationen, Wegen und Lebensentwürfen ist in einer sich schnell wandelnden Welt unausweichlich. Das Fremde ist nah geworden, auf den Pelz gerückt, näher als je gedacht, seit 2015 fast eine Million Bürgerkriegs- und Armutsflüchtlinge unter teils chaotischen Umständen nach Deutschland kamen. Die Begegnung mit dem Fremden ist immer eine Zumutung – die Begegnung mit den eigenen fremden Seiten genau so wie die Begegnung mit dem fremden Menschen. Die Zumutungen werden in den kommenden Jahren für beide Seiten groß sein, für die neu Gekommenen wie für die Einheimischen. Die Alteingesessenen werden respektieren müssen, dass Menschen mit ihrer eigenen Religion und ihren eigenen Sitten und Weltsichten kommen. Die Neuen werden anerkennen müssen, dass Religion, Sitten und Weltsichten ihre Grenzen in den Grundrechten und den Gesetzen des Landes haben und dass sie auf Dauer nicht in Distanz zu einer freiheitlichen und pluralen Gesellschaft werden leben können. Die Stärke einer demokratisch verfassten Gesellschaft wird sich darin zeigen, dass sie diese Zumutungen ebenso einfordert wie aushält. Sie wird das umso eher schaffen, wie sie sich der eigenen Wurzeln und Grundlagen bewusst ist. Ein Ich-starker Mensch sieht in der Begegnung mit dem Fremden eher eine Chance als ein Risiko, einer mit Identitätsproblemen neigt dazu, im Fremden eine Bedrohung des Eigenen zu sehen – so ist es auch mit der Gesellschaft, dem Staat insgesamt. Und so wagt auch ein reifer Glauben, der dem schwankenden Boden traut, eher die Begegnung mit dem Unbekannten. Dem Fremden zu begegnen und selber fremd zu sein gehört zu den Grunderfahrungen der jüdischen wie christlichen Geschichte.

Es braucht also jener Versicherungsglauben, wie ihn einst der Polizeidirektor Johann Heinrich Gottlob von Justi formulierte, eine Alternative. Die Kirchen werden noch lange mithelfen, dass, salopp gesagt, der Laden läuft, und das ist gut so – sie werden aber auch und zunehmend Verunsicherungs-, Irritations- und Einspruchskraft sein müssen – um ihrer selbst willen und um der Gesellschaft willen, in der und aus der heraus diese Kirchen leben. Der Einspruch und die Verunsicherung der weltlichen Maßstäbe ist ihr Auftrag: Sie müssen von der Wirklichkeit jenseits dieser Wirklichkeit künden und von der Inkarnation Gottes in diese Welt, die alle menschlichen, weltlichen, staatlichen Maßstäbe vorläufig und zweitletzte sein lässt. Und dann aber auch, weil ihre Rolle als Wertelieferantinnen und Versicherungsagenturen des Staates an die institutionelle Stärke der Kirchen gebunden ist, an ihre Fähigkeit, die Gesellschaft weitgehend zu durchdringen und zu formieren. Diese Fähigkeit wird abnehmen. Und entsprechend wird, wenn die

Kirchen trotzdem ihre alte institutionelle Stärke halten wollen, die Versuchung stärker werden, um sich selber zu kreisen, sich narzisstisch die Frage zu stellen, wie man rüberkommt bei den Leuten, die Institution zu heiligen und nicht Gott. Dieser Narzissmus macht krank, hat Jorge Mario Bergoglio gesagt, der Kardinal aus Buenos Aires, am Tag bevor er am 13. März 2013 Papst wurde und den Namen Franziskus wählte, nach dem Heiligen der Armen. Er wünscht eine Kirche, die hin zu den Menschen geht, die nicht ängstlich schaut, was aus ihr werden könnte oder wie sie da stehen könnte, die sich verschrammen und verbeulen lässt, die auf sich zukommen lässt, was da kommen wird, weil sie dem schwankenden Boden traut. Das gilt für alle Kirchen und Christen – und es ist die größte ökumenische Leistung dieses Papstes, das so klar und unmissverständlich zu seinem Programm gemacht zu haben.

Im Grunde ist diese politische Lage im Land nicht sehr anders als die Situation des zweifelnden Gläubigen: Er weiß, dass alle Sicherheiten begrenzt sind. Aber er vertraut sich dem Unsicheren an, dem Offenen, Fremden und manchmal auch Unheimlichen, im Vertrauen darauf, dass es gut geht, oft auf eine Weise, die man im Augenblick noch gar nicht absehen kann, die auf keiner Rechnung steht. Vielen, die Sicherheit im Glauben, der Politik und der Welt wünschen, erscheint das als schwächlich, unentschieden und unsicher. Sie fordern, dass klar definiert, unterschieden und auch getrennt ist, was zu glauben ist und was nicht, was gilt und was nicht, wer dazugehört und wer ausgeschlossen ist. In Wahrheit aber ist es eine Stärke, Unsicherheit und Zweifel zugeben zu können, mit Unsicherheiten zu leben, Offenheit zuzulassen und auszuhalten, dass nicht alles sofort klar und eindeutig ist. Wer die Zukunft auf sich zukommen lassen kann, ist offener für Veränderungen, findet sich leichter in einer Welt zurecht, die vielfältig und vieldeutig geworden ist, die sich schneller ändert, als man die Zukunft planen kann. Eine vielfältige Gesellschaft, die Widersprüche und Zumutungen nicht ausmerzen muss, weil sie rein und eindeutig sein will, kann besser mit Krisen umgehen als eine homogene Gesellschaft, die sich mit immer neuen Mauern gegen immer neue Fremde und Feinde schützen muss. Und ein reifer Glaube ist gerade deshalb stark, weil er weiß, dass er am Abgrund balanciert und den Zweifel kennt. Was soll ihn da noch erschüttern?

Nachwort

Nein, keine Ratschläge. Keine sieben Wege zum schicksalsergebenen Leben, keine zwölf Achtsamkeitsübungen für die Seelenruhe, erst recht keine Hinweise, wie das Paradies gewonnen werden könnte. Wenn Menschen nach der Lektüre des Buches weniger verzweifelt nach dem Glück suchen und nicht mehr ganz so hart an ihrer Optimierung feilen, dann freut der Autor sich, auch, wenn sie zwischen begründeten Sorgen und unbegründeter Angst unterscheiden und Sicherheit nicht mehr für das höchste aller Güter halten, wenn sie dem Unvorhersehbaren und Unplanbaren gelassener entgegensehen als bisher. Aber er möchte niemanden überreden oder gar bedrängen, und wenn jemand seine Seelenruhe findet, indem er in seinem Leben ganz viele Halteseile anbringt und Sicherheitsböden, dann soll er das getrost tun. Wer Erfüllung darin findet, immer weiter und weiter an sich zu arbeiten und nach der nächsten Entwicklungsstufe Ausschau zu halten, hat den Segen und das Mitgefühl des Autors, dem diese Haltung nicht ganz fremd ist. Und wem Gott eine feste Burg ist in der Welt voller Teufel, wie einst Martin Luther dichtete – wer sollte ihm diesen Glauben ausreden wollen? Jedenfalls nicht, solange aus diesem Glauben kein fundamentalistischer Abgrenzungsglaube wird, der die Zugbrücke hochzieht und alle als Feinde ansieht, die da vor der Mauer stehen.

Das Lob des Fatalismus beantwortet auch politische Fragen nicht eindeutig, ob es eine Obergrenze für Flüchtlinge geben muss und welche, ob und bis wann es ein Dieselverbot für Deutschlands Städte braucht, wie sinn-

und wirkungsvoll ein weltweites Atomwaffenverbot wäre. Die Haltungen und Meinungen des Autors lassen sich schon aus diesem Buch herauslesen, aber er weiß: Man kann das Loblied auf den Fatalismus auf beiden Seiten der politischen Barrikaden anstimmen. Wenn das Buch aber hilft, auf den vielen verschiedenen Seiten der verschiedenen Barrikaden den Pathetikern der von vornherein feststehenden Wahrheit und den Predigern des einzigen rechten Weges die Luft abzulassen, die allzu Selbstgewissen ihrer Gewissheit zu berauben, dann wäre der Autor sehr froh und fühlte sich richtig verstanden. Er kann eine Haltung anbieten beim Pfadfinden, die versucht, sich auf den schwankenden Boden voller Vertrauen, der Autor sagt: Gottvertrauen einzulassen, gut gelaunt einzulassen. Es wäre der Versuch, das Menschliche vom Unmenschlichen zu trennen, die Zynismen und die Doppelbödigkeiten zu enttarnen. Es wäre der Gegenentwurf zu den wachsenden Fundamentalismen, gegen die millionenfache Absolutsetzung des eigenen Glaubens oder der in der letzten Google-Suche selbstgebastelten Meinung. Es wäre ein fröhlicher Glaube, dass man die letzte Wahrheit getrost den höheren Instanzen im Jenseits überlassen kann.